DIALOGUES SYMPATHIQUES

A graded introductory reader for beginning **students**

Anne Moreau
Northwestern University
Evanston, Illinois

Marcella DeMuth, Consulting Editor
Plainview Old Bethpage
Central Schools
Plainview, New York

NATIONAL TEXTBOOK COMPANY • Lincolnwood, Illinois U.S.A.

Dialogues sympathiques

A graded introductory reader for beginning students

DIALOGUES SYMPATHIQUES is an introductory reader created for beginning students of French. It introduces the reading skill through brief dialogues and situations—the same medium in which students first began their study of the language. These dialogues reaffirm the goal of communication in language study by reinforcing the students' mastery of basic conversational expressions that have already been presented through listening and speaking practice. An introduction to the reading skill through the familiar dialogue will ultimately lead students to develop and master the skill of reading continuous narrative prose.

The thirty dialogue-situations presented in this book deal with a variety of topics that are traditionally part of the beginning-level curriculum. Vocabulary and expressions used in these dialogues are of high frequency and within the grasp of beginning students. Also included are grammar-review exercises to reinforce the structures employed in the dialogues and to aid the students in mastering the skills needed for self-expression in French. Each dialogue is accompanied by evaluation exercises to test and develop comprehension and also to stimulate personalization and self-expression. The comprehension exercises are both passive and active. The passive exercises, which basically test the students' comprehension of the dialogue, include true-false, multiple choice, completion, and matching exercises. The active exercises require the student to respond to questions in French and call for originality and personalization on the part of the student.

The section entitled *Exercices* is composed of vocabulary, verb, and structure exercises. In the vocabulary section, the exercises provide practice with synonyms, antonyms, word families, cognates, related words, and crossword puzzles. The verb and structure sections contain pattern drills, completion exercises, response to questions, and scrambled sentences. Topics for oral and written expression are included in *Dialogues* 26-30.

Contents

Dialogues

1. A la douane

M. Tardiff est à l'aéroport de Roissy-Charles de Gaulle. Il revient d'un voyage en Australie.

M. TARDIFF: Bonjour! Enfin en France!
LE DOUANIER: Vos papiers, s'il vous plaît!
M. TARDIFF: Les voici. Je suis si fatigué! L'Australie est un pays sensationnel, mais c'est un très long voyage.
LE DOUANIER: Avez-vous quelque chose à déclarer? Cigarettes, alcool, fourrures, etc.?
M. TARDIFF: Non! Quelques souvenirs seulement!
LE DOUANIER: Nous allons voir. Ouvrez vos valises!
M. TARDIFF: Zut!

Exercices de compréhension

I. Answer these questions in complete sentences in French.
   1. Comment s'appelle le passager?
   2. D'où vient-il?
   3. Où est-il?
   4. Avec qui parle-t-il?
   5. Comment est l'Australie?
   6. Que lui demande le douanier?
   7. Le passager est-il content?

II. Applications
   1. Comment vous appelez-vous?
   2. Où êtes-vous en ce moment?
   3. Voyagez-vous souvent?
   4. Où aimez-vous aller?
   5. Avec qui voyagez-vous?
   6. Aimez-vous votre pays?
   7. Comment s'appelle votre pays?
   8. Comment s'appelle votre ville?

2. Dans la cuisine

Sophie et Laurence sont dans la cuisine. Il est six heures et demie. Elles ont faim. Elles décident de préparer le repas parce que leurs parents sont encore au travail.

SOPHIE: Qu'est-ce qu'on fait pour le dîner?
LAURENCE: Moi, j'aime les frites, les crêpes et la pizza. Mais c'est trop difficile à faire.
SOPHIE: Je sais faire des spaghetti à la sauce tomate. On met du poivron vert et de l'oignon pour donner du goût, et du parmesan quand c'est prêt.
LAURENCE: Ah! quelle bonne idée! Est-ce que tu peux me faire des frites aussi?

3

Exercices de compréhension

I. Match the segments in column A with those in column B.

A	B
1. On met du poivron vert	a. pour le dîner.
2. Qu'est-ce qu'on fait	b. des spaghetti.
3. Je sais faire	c. à faire.
4. Quand c'est prêt,	d. pour donner du goût.
5. C'est trop difficile	e. on met du parmesan.

II. Answer these questions in complete sentences in French.

1. Quelle heure est-il?
2. Où sont les parents de Sophie et Laurence?
3. Pourquoi Sophie et Laurence décident-elles de préparer le dîner?
4. Qu'est-ce que Laurence aime?
5. Qu'est-ce que Sophie sait faire?
6. Qu'est-ce qu'on fait avec du poivron vert et de l'oignon?
7. Est-ce que Laurence est tout à fait satisfaite?

III. Applications

1. A quelle heure dînez-vous?
2. Faites-vous bien ou mal la cuisine?
3. Est-ce que vous préparez quelquefois le petit déjeuner, le déjeuner, ou le dîner?
4. Quel est votre plat favori?
5. Est-ce que vous aimez les frites?

3. Au club sportif

L'été approche. Sylvie et Nadine décident d'aller au nouveau club sportif pour se mettre en forme avant les vacances. C'est vendredi. Il est six heures du soir. Elles parlent au moniteur de sport.

NADINE: Moi, je veux venir tous les soirs faire du jogging, de l'aérobic et de la musculation.

SYLVIE: Moi, c'est plutôt le tennis et la natation qui m'intéressent, et uniquement pendant le week-end.
(Deux heures plus tard.)

SYLVIE: Je suis très contente. J'ai trouvé une bonne partenaire pour jouer le vendredi soir. Je suis en pleine forme. Je vais revenir demain pour aller à la piscine.

NADINE: Je suis morte de fatigue. Je vais rester couchée tout le week-end.

Exercices de compréhension

I. Vrai ou Faux. Indicate whether these statements are true or false. If the statement is false, make it true.

1. Nadine et Sylvie sont des habituées du club sportif.
2. Sylvie veut faire de la musculation et de l'aérobic.
3. Elles vont au club sportif un vendredi soir.
4. Nadine veut faire du sport pour participer aux Jeux Olympiques.
5. Sylvie va aller à la piscine le lendemain.

II. Answer these questions in complete sentences in French.

1. Comment s'appellent les deux amies?
2. Où vont-elles ensemble?
3. Quel jour de la semaine y vont-elles?
4. Qu'est-ce que Nadine veut faire?
5. Qu'est-ce que Sylvie veut faire?
6. Pourquoi Nadine va-t-elle passer le week-end au lit?
7. Sylvie va-t-elle jouer régulièrement au tennis?
8. Quand Sylvie va-t-elle retourner au club sportif?

III. Applications

1. Faites-vous régulièrement du sport?
2. Où faites-vous du sport?
3. Quels sont vos sports favoris?
4. Préférez-vous faire du sport seul(e) ou avec un copain/une copine?
5. Quels sports aimez-vous regarder à la télé?

4. A la banque

Frédéric va à la banque avec sa mère pour déposer l'argent que ses grands-parents lui ont donné à Noël. Il y a beaucoup de monde à la banque le lendemain de Noël.   a lot of people

FRÉDÉRIC:	Bonjour, Monsieur, je voudrais déposer ce chèque sur mon livret de caisse d'épargne.
LE CAISSIER:	Un instant, s'il vous plaît!
SA MÈRE:	Je suis très fière de toi, Frédéric. Tu verras, tu seras très content quand tu verras les intérêts s'ajouter à la somme que tu viens de déposer.
	(Frédéric n'a pas vu son copain Christophe qui est aussi à la banque avec sa mère et qui s'approche de lui.)

CHRISTOPHE: Salut Frédéric! Tu viens? Je vais m'acheter un disque
                avec l'argent que m'a donné mon grand-père.
                (Frédéric se tourne vers sa mère.)
FRÉDÉRIC: Dis, maman, tu me passes ta carte de crédit?

Exercices de compréhension

I. Select the word or expression that correctly completes each
    statement.
    1. Frédéric va (à l'aéroport, au club sportif, à la banque).
    2. Il y va avec (le moniteur de sport, le douanier, le caissier, sa
        mère).
    3. Il parle (au vendeur, au professeur, au caissier).
    4. Il veut (acheter un disque, déposer de l'argent, donner un cadeau au
        caissier).
    5. Sa mère est très fière parce que son fils veut (faire des spaghetti,
        dépenser son argent, faire des économies).
    6. Christophe est (le frère, le copain, la mère) de Frédéric.
    7. Christophe va (déposer de l'argent à la banque, acheter un disque,
        travailler à la banque).
    8. Frédéric demande à sa mère (son livret de caisse d'épargne, de
        l'argent, sa carte de crédit).

II. Answer these questions in complete sentences in French.
    1. Où travaille le caissier?
    2. Pourquoi Frédéric vient-il à la banque?
    3. Vient-il seul à la banque?
    4. Que lui dit le caissier?
    5. Qu'est-ce que Christophe va faire avec l'argent de Noël?
    6. Qu'est-ce que Frédéric demande à sa mère?

III. Applications
    1. Est-ce qu'il y a une ou plusieurs banques dans votre ville?
    2. Avez-vous un livret de caisse d'épargne?
    3. Avez-vous des cartes de crédit?
    4. Est-ce que vous préférez économiser votre argent ou le
        dépenser?
    5. Est-ce que vous aimez recevoir de l'argent comme cadeau?
    6. Est-ce que vous allez seul(e) à la banque?

5. Au restaurant fast-food

Olivier, Sylvain et M. Rosier, le père de Sylvain, se promènent sur le boulevard Saint-Michel. Ils vont déjeuner ensemble.

SYLVAIN: J'ai une faim de loup. Allons dans un fast-food, c'est délicieux et ça va vite.

OLIVIER: Excellente idée! Il y en a un au coin de la rue.

SYLVAIN: Un hamburger avec du fromage, des frites et un milk-shake au chocolat s'il vous plaît.

OLIVIER: Moi, je veux un hamburger, des frites et un Coca-Cola.
(Le père de Sylvain n'est pas très à l'aise. Il regarde son fils avec étonnement.)

M. ROSIER: Hamburger, frites, jus de fruit et café.
(Les deux garçons s'installent vite et se mettent à dévorer leur déjeuner. M. Rosier a du mal à manger le hamburger. Il a du ketchup sur les doigts et autour de la bouche. Sylvain lui sourit.)
SYLVAIN: C'est bon, hein? Et puis tu sais, c'est vraiment raisonnable. Il n'y a pas de pourboire à donner ici.
M. ROSIER: La prochaine fois, on dira à ta mère de venir.

Exercices de compréhension

I. Answer these questions in complete sentences in French.

1. Quelle heure est-il?
2. Où est-ce que les deux garçons veulent déjeuner?
3. Avec qui sont-ils?
4. Qu'est-ce que Sylvain commande?
5. Qui a du ketchup sur les doigts?
6. Qui dit que c'est très raisonnable?
7. Que dit M. Rosier?

II. Applications

1. Où déjeunez-vous d'habitude?
2. A quelle heure déjeunez-vous?
3. Aimez-vous déjeuner seul(e)?
4. Qu'est-ce que vous aimez manger au déjeuner?
5. Qu'est-ce que vous mettez sur votre hamburger?
6. Est-ce que vos parents aiment les restaurants fast-foods?

6. Au restaurant

C'est l'anniversaire de la grand-mère de Sylvain et toute la famille Rosier va le célébrer au restaurant. Ils choisissent un bon petit restaurant bien tranquille au bord d'une rivière. Le serveur leur donne le menu. C'est difficile de choisir parmi toutes les bonnes choses appétissantes.

LE SERVEUR:	Pour Madame, ce sera?
LA GRAND-MÈRE:	Une côte d'agneau grillée à l'ail.
LE SERVEUR:	Et pour Madame?
LA MÈRE:	La coquille Saint-Jacques. *scallops?*
LE SERVEUR:	Et qu'est-ce que Monsieur prendra?

LE PÈRE:	Le tournedos Henri IV, à point.
	(Le petit frère de Sylvain est fatigué d'attendre. Il regarde la rivière avec envie. Sans attendre son tour, il commande.)
LE PETIT FRÈRE:	Des frites pour moi. Puis des cuisses de grenouille, ça c'est pour aller attraper des poissons dans la rivière! Et servez-moi aussi une tarte aux fraises comme dessert. Maintenant, s'il vous plaît!

Exercices de compréhension

I. Vrai ou Faux. Indicate whether these statements are true or false. If the statement is false, make it true.

1. C'est l'anniversaire de la grand-mère de Sylvain.
2. Toute la famille va au restaurant.
3. Ils choisissent un restaurant au centre de Paris.
4. La grand-mère commande une côte d'agneau.
5. Le petit frère de Sylvain voudrait aller à la pêche.
6. Il veut donner sa tarte aux fraises aux poissons.

II. Answer these questions in complete sentences in French.

1. Où est la famille Rosier?
2. Où se trouve le restaurant?
3. Qui les sert?
4. Comment le père de Sylvain veut-il sa viande?
5. Est-ce que Sylvain commande une tarte aux fraises?
6. Pourquoi le petit frère de Sylvain commande-t-il des cuisses de grenouille?
7. Qu'est-ce qu'il commande d'autre?

III. Applications

1. Où mangez-vous d'habitude?
2. Quels sont vos plats favoris?
3. Est-ce que vous aimez les cuisses de grenouille?
4. Qui paie l'addition quand votre famille va au restaurant?

Tu vas bientôt avoir fini?

7. La chambre de Pascal

C'est samedi matin, de très bonne heure. Pascal nettoie sa chambre. Ses parents sont très surpris et curieux de connaître la raison de cette nouvelle propreté.

cleanliness

LE PÈRE: Pascal, ta mère a besoin de l'aspirateur! Vas-tu bientôt avoir fini? Eh bien, elle va être contente, ton lit est fait, tes livres et tes disques sont rangés, et ton linge sale est en tas et prêt à être lavé. Ne t'arrête surtout pas!

atrocious

PASCAL: Maman a bien raison. Le désordre est une chose exécrable! Au fait, pourrais-tu emmener mon frère Christian chez ses copains cet après-midi? Catherine va venir réviser l'examen d'anglais avec moi et on ne veut pas être dérangés.

Are you going to be finished soon

13

LE PÈRE: Euh! oui bien sûr! enfin, s'il le veut. Au fait, puisque tu sais si bien faire le ménage, tu peux nettoyer toute la maison.

Exercices de compréhension

I. Match the segments in column A with those in column B.

A	B
1. C'est lundi	a. l'aspirateur.
2. Ta mère a besoin de	b. réviser l'examen d'anglais.
3. Catherine va venir	c. faire le ménage, nettoie la
4. Tu as rangé	maison.
5. Puisque tu sais si bien	d. matin.
	e. tes livres.

II. Answer these questions in complete sentences in French.

1. Où est Pascal?
2. Pourquoi ses parents sont-ils surpris?
3. Que fait Pascal avec ses livres et ses disques?
4. Qu'est-ce qu'il fait avec son linge sale?
5. Pourquoi veut-il que son père emmène son frère chez ses copains?
6. Pourquoi Catherine va-t-elle venir chez Pascal?

III. Applications

1. Est-ce que vous nettoyez souvent votre chambre?
2. Où mettez-vous votre linge sale?
3. Quand vos amis viennent, nettoyez-vous votre chambre?
4. Demandez-vous à votre petit frère ou petite soeur de ne pas vous déranger?
5. Est-ce que vous réussissez mieux vos examens si vous révisez avec vos amis?

8. Dehors

C'est le week-end. Nathalie et Jean-Philippe jouent devant la maison. Ils voient leur père se diriger vers le garage, les clefs de la voiture à la main. Ils se précipitent vers lui.

LES ENFANTS: On vient avec toi, papa!

LE PÈRE: D'accord, mais vous allez m'aider à faire quelque chose en échange!

LES ENFANTS: D'accord! Chouette, on va en voiture!
(Leur père sort la voiture du garage et s'arrête dans l'allée après quelques mètres.)

LES ENFANTS: Pourquoi tu t'arrêtes?

LE PÈRE: Nous allons laver la voiture, vous et moi.

LES ENFANTS: On n'a pas envie de faire ça! La prochaine fois, on te
               demandera avant ce que tu vas faire. On t'aidera
               quand-même. Dis après, on pourra aller se
               promener, hein?
               *(Deux heures plus tard, la voiture est bien propre. Ils
               sont en train de s'essuyer les mains quand la mère sort
               de la maison.)* ~~just in time~~

LA MÈRE: Vous avez fini <u>juste à temps</u>. Je prends la voiture
               pour aller faire des courses. Qui vient avec moi?

LES ENFANTS: Pour porter les paquets, non merci!

Exercices de compréhension

I. Select the word or expression that best completes each
statement, based on the dialogue.

1. C'est (samedi, lundi, jeudi).
2. Les enfants (jouent, travaillent, dorment) dehors.
3. Leur (frère, moniteur de sport, père) sort de la maison.
4. Il tient (des jouets, des balles de tennis, les clefs de la voiture) à la main.
5. Les enfants veulent (continuer à jouer, aller dans la maison, aller avec lui en voiture).
6. C'est une promenade (longue, courte, pénible).
7. Le père va (au travail, faire les courses, laver la voiture).
8. La mère (prend la voiture, leur offre un gâteau, leur fait des compliments).

II. Answer these questions in complete sentences in French.

1. Où sont les enfants?
2. Que font-ils?
3. Qui sort de la maison?
4. Qu'est-ce qu'il tient à la main?
5. Que disent les enfants?
6. Où est-ce que leur père arrête la voiture?
7. Qu'est-ce qu'ils vont faire avec leur père?
8. Qu'est-ce qu'ils vont faire la prochaine fois?
9. Quand la voiture est propre, qui prend la voiture?
10. Pourquoi est-ce que les enfants ne vont pas avec elle?

III. Applications

1. Où jouez-vous?
2. Quand vous êtes dehors, à quoi jouez-vous?
3. Est-ce que votre famille a une voiture?
4. De quelle couleur est-elle?
5. Aimez-vous les voitures?
6. Savez-vous conduire?

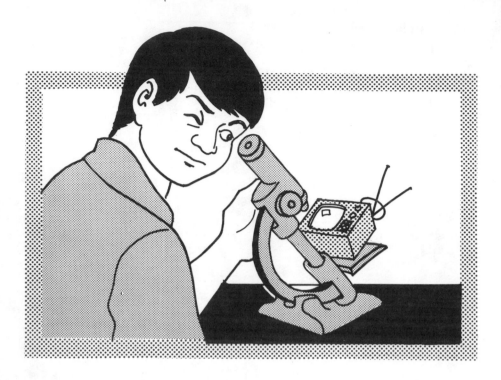

9. Dans la classe de sciences

Dans un cours de biologie, le professeur explique les maladies aux élèves.

LE PROFESSEUR:	Nous allons étudier les causes et les symptômes des maladies. Qu'est-ce qui rend les gens malades?
ELISABETH:	Le mauvais temps.
GÉRARD:	Une mauvaise alimentation.
PIERRE:	Les microbes.
LE PROFESSEUR:	Très bien, Pierre. Vous avez raison, ce sont les microbes. Maintenant quel symptôme indique qu'une personne ne se sent pas bien.
PIERRE:	Elle dort tout le temps.
LE PROFESSEUR:	Et quel est le microbe qui fait dormir?
LAURENT:	La télé!

Exercices de compréhension

I. Answer these questions in complete sentences in French.
   1. Dans quelle classe est-on au début du dialogue?
   2. Qui fait la classe?
   3. Qu'est-ce que les élèves étudient aujourd'hui?
   4. Quelles sont les causes des maladies?
   5. Quand une personne ne se sent pas bien, que fait-elle?
   6. D'après Laurent, qu'est-ce qui cause le sommeil?

II. Applications
   1. Quels cours suivez-vous?
   2. Pourquoi aimez-vous ou n'aimez-vous pas vos cours?
   3. Comment vous sentez-vous aujourd'hui?
   4. Qu'est-ce que vous faites quand vous vous sentez mal?
   5. Qui allez-vous voir quand vous êtes malade?
   6. Est-ce que la télévision vous fait dormir le soir? Pourquoi?

10. La fontaine de jouvence

*François et Xavier sont en vacances dans une petite ville
française près de la mer Méditerranée. En se promenant,
ils découvrent une vieille fontaine et la regardent avec
attention. Dans leur classe de littérature, on leur a parlé
de héros légendaires et de fontaines de jouvence, ces
fontaines légendaires dont les eaux donnent la jeunesse
éternelle.*

FRANÇOIS: Dis, tu vois toutes ces pièces de monnaie dans l'eau de
             la fontaine.

XAVIER: Oui, c'est fou combien de gens croient que ces fontaines
             peuvent les rendre riches ou jeunes éternellement!

FRANÇOIS: C'est vrai, mais ça ne fait pas de mal de <u>faire un voeu</u>. Sauf que si c'est une fontaine de jouvence, je n'ai aucune envie de rester jeune toute ma vie.

XAVIER: Moi non plus! Je veux pouvoir conduire, avoir de l'argent, et faire toutes les choses interdites qu'on voit à la télé. Pour cela, il faut être plus âgé.

FRANÇOIS: J'ai une idée. Si on prend les pièces de la fontaine, on sera riches, et si c'est une vraie fontaine de jouvence, on sera punis, c'est-à-dire qu'on deviendra vieux!

Exercices de compréhension

I. Vrai on Faux. Indicate whether these statements are true or false. If the statement is false, make it true.

1. François et Xavier sont en vacances.
2. Ils sont au Québec.
3. La Méditerranée est une montagne.
4. François et Xavier regardent une statue.
5. Ils ont entendu parler des fontaines de jouvence dans leur classe de littérature.
6. Selon la légende, les fontaines de jouvence donnent la jeunesse éternelle.
7. Les gens jettent des pièces de monnaie dans la fontaine parce qu'ils veulent être célèbres.
8. François et Xavier veulent rester jeunes toute leur vie.
9. Ils veulent pouvoir conduire et avoir de l'argent.
10. Ils décident de jeter des pièces de monnaie dans la fontaine.

II. Answer these questions in complete sentences in French.

1. Dans quelle région de France sont Xavier et François?
2. Pourquoi sont-ils dans cette région?
3. Que font-ils aujourd'hui?
4. Que regardent-ils?
5. De quel type de fontaine leur a-t-on parlé dans leur classe de littérature?
6. Qu'est-ce qu'il y a dans l'eau de cette fontaine?
7. Pourquoi les gens jettent-ils des pièces dans la fontaine?
8. Que fait une fontaine de jouvence?
9. Est-ce que les deux garçons veulent être plus âgés ou plus jeunes?
10. Que vont-ils faire pour devenir plus riches et plus âgés?

III. Applications

1. Où passez-vous vos vacances?
2. Aimez-vous visiter les sites touristiques?
3. Qu'est-ce que vous aimez faire en vacances?
4. Combien d'argent avez-vous dans vos poches?
5. Est-ce qu'il y a un voeu que vous voudriez faire?
6. Est-ce que vous croyez que votre voeu sera réalisé si vous jetez de l'argent dans une fontaine?

11. A la maison

Pierre a un examen de mathématiques jeudi matin. C'est mercredi après-midi. Il étudie dans sa chambre.

LE PETIT FRÈRE: Dis Pierre, tu viens faire du patin à glace avec moi? Le lac est gelé.

PIERRE: J'ai un examen de maths demain et je dois étudier.

LE PETIT FRÈRE: Oh! tu as toute la soirée. Viens avec moi pour une heure ou deux!

(Ils s'amusent bien sur le lac. Ils jouent avec leurs copains à s'attraper et au hockey sur glace. Le soir, Pierre est si fatigué qu'il s'endort sur son livre.)

(Jeudi matin.)

LA MÈRE: Levez-vous, Pierre et Bertrand! Il est tard. Vous allez être en retard pour l'école.

LE PETIT FRÈRE: Oh là! là! Je ne me sens pas bien!

LA MÈRE: Qu'est-ce que tu as? Tu as de la fièvre?

LE PETIT FRÈRE: Je ne sais pas. J'ai mal partout. Je dois avoir au moins 40 degrés.

LA MÈRE: Bon! Tu ne peux pas aller à l'école. Reste couché. Je vais t'apporter des médicaments. Mais toi, Pierre, lève-toi tout de suite, sinon tu vas rater ton examen.

PIERRE: Ah zut! C'est moi qui ai un examen que je n'ai pas révisé, et c'est lui qui reste à la maison!

Exercices de compréhension

I. Vrai ou Faux. Indicate whether these statements are true or false. If the statement is false, make it true.

1. Pierre a un examen d'anglais.
2. Son examen est lundi matin.
3. Son petit frère veut étudier avec lui.
4. Ils vont faire du patin à glace.
5. Pierre est trop fatigué pour étudier.
6. Le lendemain, Pierre est malade.
7. La mère va téléphoner au médecin.
8. Pierre est content d'aller passer son examen.

II. Answer these questions in complete sentences in French.

1. Que fait Pierre mercredi après-midi?
2. Quand est son examen?
3. Qui vient lui demander d'aller jouer?
4. Que vont-ils faire pour s'amuser?
5. Est-ce qu'ils s'amusent seuls?
6. Est-ce que Pierre étudie beaucoup jeudi soir?
7. Pourquoi est-ce que son petit frère ne va pas à l'école?
8. Pourquoi est-ce que Pierre n'est pas content?

III. Applications

1. Quand étudiez-vous?
2. Etudiez-vous seul(e)?
3. Comment vous sentez-vous maintenant?
4. Quand vous êtes malade, allez-vous à l'école?
5. Comment s'appelle votre médecin?

12. Le gazon

C'est samedi matin. Tous les samedis matins en été, la mère d'Emmanuel lui rappelle qu'il doit couper le gazon.

LA MÈRE: Emmanuel, lève-toi! il est déjà dix heures et demie. Rappelle-toi que tu dois couper le gazon ce matin.

EMMANUEL: Oh maman, je me sens vraiment fatigué! Hier, on a fait beaucoup de sport, et j'ai mal aux jambes.

LA MÈRE: Quand on est jeune, cela ne fait rien. Lève-toi, tu te sentiras mieux!
             (Frédéric, le petit frère d'Emmanuel, vient lui demander de jouer au basket.)

EMMANUEL: D'accord, mais tu dois faire quelque chose pour moi.

FRÉDÉRIC: O.K. Quoi?

EMMANUEL: Tondre le gazon.

FRÉDÉRIC: Mais c'est ton travail! Et je serai trop fatigué pour jouer après.

EMMANUEL: Au contraire. Comme maman dit toujours: "Quand on est jeune, on n'a pas de douleurs."

Exercices de compréhension

I. Answer these questions in complete sentences in French.

1. Quel jour est-ce?
2. Que fait Emmanuel tous les samedis matins?
3. Qui dit à Emmanuel de se lever?
4. Pourquoi Emmanuel est-il fatigué?
5. Est-ce qu'Emmanuel est content de tondre le gazon?
6. Pourquoi sa mère n'a-t-elle pas pitié de lui?
7. Qu'est-ce que Frédéric veut faire avec Emmanuel?
8. Que lui propose Emmanuel?

II. Applications

1. Avez-vous des travaux à faire chez vous?
2. Quand devez-vous les faire?
3. Aimez-vous les faire?
4. Est-ce que vous vous plaignez d'être fatigué(e) pour ne pas faire vos travaux?
5. Essayez-vous de les donner à faire à votre petit frère ou à votre petite soeur?
6. Pensez-vous que quand on est jeune, on n'a pas de douleurs?
7. Est-ce que vous recevez de l'argent pour les travaux que vous faites?

13. Une soirée

Isabelle et son amie Sylvie ont organisé une petite soirée pour leur club d'anglais, chez Isabelle.

UNE AMIE: Ta soirée est très réussie, Isabelle. La musique est superbe. Tu sais combien j'adore les *Rolling Stones.*

UNE AUTRE AMIE: Je n'aime pas vraiment la cuisine anglaise. Heureusement que tu as choisi de ne mettre que du thé. Les gâteaux à la crème par contre, sont bien français et délicieux.

SYLVIE: Isabelle, tu sais, je crois que tout marche très bien, mais ton petit frère est une vraie peste. Il

embête tout le monde avec les deux seules expressions anglaises qu'il connaît, *Good morning* et *Good-bye*.
(Isabelle va parler à son frère.)

ISABELLE: Alors Charlie, tu t'amuses?

CHARLIE: Ben, pas tellement! Personne ne veut parler anglais avec moi. Je n'ai rien à faire ici!

ISABELLE: Tu sais, j'ai une idée. Si tu étais notre garde, comme ceux de *Buckingham Palace* qui portent un chapeau poilu? Tu peux prendre celui de maman et te mettre ici, à l'entrée.

CHARLIE: Parfait! Comme ça, je vais surveiller tout le monde.

Exercices de compréhension

I. Select the response that best answers each question about the *dialogue*.

1. Comment est la soirée?
    a. Ennuyeuse.   c. Petite et sympathique.
    b. Trop mondaine.   d. Trop longue.

2. Quel est le thème de la soirée?
    a. Français.   c. Anglais.
    b. Américain.   d. Russe.

3. Qu'est-ce qui n'est pas anglais à la soirée?
    a. La musique.   c. Les gâteaux.
    b. Les boissons.   d. L'expression *Good morning*.

4. Quel est le problème?
    a. Mauvaise musique.   c. Pas assez à boire.
    b. Pas assez à manger.   d. Le petit frère d'Isabelle.

5. Quelle est l'idée d'Isabelle?
    a. Son frère ira chez ses   c. Il ira dehors.
        copains.   d. Il sera garde et portera un
    b. Il ira dans sa   chapeau poilu.
        chambre.

6. Quelle est la réaction de Charlie?
    a. Il n'est pas satisfait.   c. Il est enchanté.
    b. Il ira chez ses copains.   d. Il va continuer à embêter tout le
                                          monde.

II. Answer these questions in complete sentences in French.
1. Chez qui est la soirée?
2. Qui est invité?
3. Qui a organisé la petite soirée?
4. Est-ce que les parents sont invités aussi?
5. Est-ce que la soirée est ennuyeuse?
6. Qu'est-ce qui ne va pas?
7. Comment le problème est-il résolu?

III. Applications
1. Avez-vous parfois de petites soirées chez vous?
2. Qui invitez-vous?
3. Qu'est-ce que vous aimez faire à vos soirées?
4. Est-ce que vos parents assistent à vos soirées?
5. Est-ce que vos frères et soeurs assistent à vos soirées?
6. A quelle heure se terminent vos soirées?

14. Chez le bijoutier

Marc et sa soeur, Hélène, sont dans une bijouterie. Ils cherchent un cadeau pour la fête des Mères.

HÉLÈNE: Nous voudrions quelque chose de très joli pour notre mère.

LE BIJOUTIER: Regardez, nous avons de belles boucles d'oreille, des pendentifs, des broches. Combien voulez-vous dépenser?

MARC: Nous ne sommes pas très riches. Voilà ce que nous avons.

LE BIJOUTIER: Nous avons de très beaux émaux. Regardez ce pendentif! Il est très fin et très à la mode cette année.

(*Marc et Hélène se regardent et décident de l'acheter. Pendant que le vendeur fait un petit paquet, ils vont dehors et regardent les vitrines.*)
(*Dans la rue.*)

MARC: Je crois que ça plaira à maman. Je sais maintenant ce que je veux pour mon anniversaire. Il y avait une montre de plongée sensationnelle!

HÉLÈNE: Oui, mais elle doit être chère. Et tu as vu ces longues boucles d'oreille avec une pierre violette? Je voudrais en acheter une seule. Mais elles ne sont pas bon marché.

MARC: Oh, c'est pour les grands-mères, ça! Et puis, tu as deux oreilles, non?

HÉLÈNE: Pauvre Marc! Tu n'y connais rien à la mode.

Exercices de compréhension

I. Answer these questions in complete sentences in French.

1. Où sont Marc et Hélène?
2. Que font-ils?
3. Qu'est-ce qu'ils peuvent acheter avec la somme d'argent qu'ils ont?
4. Qu'est-ce qu'ils choisissent?
5. Qu'est-ce que Marc a vu dans la bijouterie?
6. Qu'est-ce qu'Hélène voudrait?
7. Est-ce que Marc aime l'idée d'Hélène?

II. Applications

1. Est-ce que vous célébrez la fête des Mères chez vous?
2. Est-ce que vous achetez un cadeau pour votre mère avec vos frères et soeurs?
3. Qu'est-ce que vous avez acheté l'année dernière pour votre mère?
4. Qu'est-ce que vous allez lui acheter cette année?
5. Est-ce que vous aimez les bijoux?
6. Suivez-vous la mode?

15. Au supermarché

La grand-mère de Jean-Charles est venue de la campagne passer une semaine chez ses enfants à Montréal. Jean-Charles veut lui faire une surprise et faire la cuisine ce soir-là. Ils vont ensemble au supermarché faire les courses.

JEAN-CHARLES:	C'est moderne ici, hein? Tu ne trouves pas que c'est beau tous ces étalages de fruits et légumes?
LA GRAND-MÈRE:	Tu sais, moi j'aime bien mes habitudes. Je vais dans mon jardin pour mes légumes et chez mes voisins, les fermiers, pour le lait, le beurre et les oeufs.
JEAN-CHARLES:	Bon! Je vais faire une pizza ce soir. Voyons, j'ai besoin d'un fond de pizza congelé, tomates en

canned tomatoes   _they_

boîte, sauce tomate, fromage râpé, anchois et poivron. Deux bouteilles d'eau minérale et une de Coca-Cola. On est prêt!
(Il met toutes les provisions dans son chariot et se dirige vers les caissières.

JEAN-CHARLES: Ça va vite ici, hein! Et tu verras le dîner sera prêt en un quart d'heure.

LA GRAND-MÈRE: Oui, mais ce n'est pas bon pour la santé. Il n'y a rien de naturel là-dedans.

JEAN-CHARLES: Attends de goûter! Tu sais, il ne faut pas trop tarder à rentrer sinon le fond de pizza va décongeler.

LA GRAND-MÈRE: Au moins, chez moi, je peux prendre mon temps. Quand je vais chercher une laitue dans mon jardin, je sais qu'elle ne va pas se transformer en bouillie.

Exercices de compréhension

I. Select the word that best completes each statement.

1. Jean-Charles est avec (sa mère, son père, sa grand-mère).
2. Ils vont (à la pharmacie, au restaurant, au supermarché).
3. Il va faire (des hamburgers, du poulet, une pizza).
4. Sa grand-mère achète ses oeufs (au supermarché, dans son jardin, chez ses voisins).
5. Jean-Charles achète deux bouteilles de/d' (vin, bière, eau minérale).
6. La grand-mère aime (les choses naturelles, la pizza, le Coca-Cola).
7. La famille de Jean-Charles habite à (Paris, Montréal, Nantes).

II. Answer these questions in complete sentences in French.

1. Où va Jean-Charles avec sa grand-mère?
2. Qui va faire la cuisine ce soir-là?
3. Qu'est-ce qu'il va préparer?
4. Qu'est-ce qu'il achète?
5. Où est-ce que sa grand-mère obtient ses légumes?
6. Où achète-t-elle ses oeufs, son beurre et son lait?
7. Pourquoi faut-il qu'ils se pressent pour rentrer?
8. Est-ce que la grand-mère aime les habitudes de son petit-fils?

III. Applications

1. Est-ce que vous faites les courses de temps en temps?
2. Est-ce que vous faites parfois la cuisine?
3. Préférez-vous les aliments naturels ou la pizza congelée?
4. Aimez-vous la pizza?
5. Préférez-vous les supermarchés ou les petites boutiques? Pourquoi?

16. A la teinturerie-blanchisserie

MME SIMON: Bonjour, Madame. Je voudrais faire nettoyer ce costume et cette robe, et faire laver ces chemises. Il y en a six. Je les veux le plus vite possible parce que nous avons un mariage dimanche. Quand est-ce que ce sera prêt?

LA TEINTURIÈRE: Ne vous faites pas de souci! Ce sera prêt samedi après-midi. Voici votre ticket.
(Samedi après-midi, Mme Simon s'arrête à la teinturerie avec son fils pour reprendre son linge.)

MME SIMON: Je viens chercher mon linge.

LA TEINTURIÈRE: Voici les chemises et le costume. Un instant, je vais chercher votre robe. Ce sera 100 francs.

(Deux minutes plus tard.)

Je m'excuse mais je ne peux pas la trouver.

MME SIMON: Vous voulez dire que vous l'avez perdue! Mais c'est catastrophique! Je n'ai rien à me mettre demain!

LE FILS: Oh! maman, c'est parfait! Tu ne voulais pas aller à ce mariage de toute façon. Maintenant c'est réglé, tu n'iras pas. Et puis ce n'est pas une grande perte. Ta robe était plutôt affreuse.

It's settled

Exercices de compréhension

I. Match the segments in column A and column B.

A		B	
1.	Une femme entre dans	a.	dimanche.
2.	Elle vient rechercher	b.	"C'est catastrophique!"
3.	Elle veut sa robe pour	c.	"C'est parfait!"
4.	La teinturière a perdu	d.	affreuse.
5.	La femme dit,	e.	son linge.
6.	Le fils dit,	f.	la robe.
7.	Le fils trouvait la robe	g.	la teinturerie-blanchisserie.

II. Answer these questions in complete sentences in French.

1. Où va Mme Simon?
2. Pourquoi porte-t-on son linge à la teintuerie-blanchisserie?
3. Quand veut-elle son linge?
4. Quand elle revient prendre son linge, est-ce que tout est prêt?
5. Pourquoi dit-elle que c'est catastrophique?
6. Pourquoi son fils dit-il que c'est parfait?
7. Qu'est-ce que son fils pense de sa robe?

III. Applications

1. Est-ce que votre famille fait laver le linge?
2. Y a-t-il une teinturerie-blanchisserie près de chez vous?
3. Est-ce que la teinturerie a jamais perdu vos vêtements?
4. Est-ce que cela coûte cher de faire nettoyer son linge?

17. A l'église

Aujourd'hui Pierre et Marie se marient. La famille et les amis arrivent à l'église. Les cloches sonnent joyeusement. Jean-Claude, un copain de Pierre, est chargé de les accueillir à l'entrée.

JEAN-PAUL: Bonjour, Madame. Vous permettez que je vous montre votre place.

MME LEPIC: Merci beaucoup.

JEAN-PAUL: Je ne vous connais pas. Vous êtes une amie de la mariée?

MME LEPIC: Quelle question! Vous ne me reconnaissez donc pas? Je suis la mère de Pierre, le marié.
(Mme Simon dont la robe a été perdue à la teinturerie arrive à l'église avec son mari. Elle a décidé de mettre sa

robe mauve. Ils sont quelques minutes en retard. Ils vont s'asseoir à côté de la mère de la mariée, la soeur de M. Simon.)

MME LEPIC: Bonjour, Gisèle et Robert. Il ne manque plus que le marié. La teinturerie a perdu son costume et la couturière est en train de lui en ajuster un autre.

MME SIMON: Oh! je sais bien ce que c'est.

Exercices de compréhension

I. Vrai ou Faux. Indicate whether these statements are true or false. If the statement is false, make it true.

1. Marie et Jean-Claude se marient aujourd'hui.
2. Jean-Claude est un ami de Pierre.
3. Jean-Claude reconnaît bien la mère de Pierre.
4. Jean-Claude pense que Mme Lepic est la mariée.
5. Pierre n'est pas encore arrivé.
6. La teinturerie a perdu la robe de la mariée.

II. Answer these questions in complete sentences in French.

1. Pourquoi tous les invités sont-ils à l'église?
2. Qui se marie?
3. Qui accueille les invités à l'entrée?
4. Est-ce que Jean-Claude reconnaît tout le monde?
5. Est-ce que Mme Simon est la soeur de Mme Lepic?
6. Qu'est-ce que Mme Simon porte?
7. Pourquoi le marié n'est-il pas là?
8. Que pense Mme Simon?

III. Applications

1. Pensez-vous que vous allez vous marier un jour?
2. Avec-vous une petite amie ou un petit ami?
3. Comment s'appelle-t-elle/il?
4. Comment s'appelle votre meilleur(e) ami(e)?
5. Irez-vous à un mariage bientôt?

18. Dans un grand magasin

Richard et Pascal, deux copains d'école, se rencontrent par hasard au rayon des cartes du grand magasin, "la Baie," à la Ville de Québec. C'est bientôt l'anniversaire de Richard et ses copains ont organisé une surprise-partie.

RICHARD: Tiens! qu'est-ce que tu fais ici?

PASCAL: J'achète une carte d'anniversaire.

RICHARD: Ah! pour qui? pour ta petite amie Nicole?

PASCAL: Non! c'est pour mon frère.

RICHARD: Je sais bien que ce n'est pas l'anniversaire de ton frère. C'est pour moi!

PASCAL: Je ne savais même pas que c'était ton anniversaire.
(Pascal essaie de se concentrer sur les cartes. Richard tourne autour de lui.)

RICHARD: Si j'étais toi, je ne perdrais pas mon temps ni ne gaspillerais mon argent à acheter une carte. Montre-la-moi ici et ça suffira. Maintenant suis-moi, je vais te montrer ce que je veux pour mon anniversaire!

RICHARD: Mais qui te dit que je vais t'acheter un cadeau?

Exercices de compréhension

I. Match the segments in column A with those in column B to form a sentence.

A	B
1. Deux copains	a. c'était l'anniversaire de Richard.
2. Pascal cherche	
3. Richard croit que	b. avoir un cadeau.
4. Pascal dit qu'il ne savait pas que	c. une carte d'anniversaire.
	d. se rencontrent à la Baie.
5. Richard lui dit	e. la carte est pour lui.
6. Richard espère	f. de ne pas acheter de carte.

II. Answer these questions in complete sentences in French.

1. Où les deux copains se rencontrent-ils?
2. A quel rayon sont-ils?
3. Que cherche Pascal?
4. Pourquoi Richard pense-t-il que la carte est pour lui?
5. Est-ce que Pascal le savait?
6. Est-ce que Richard veut une carte d'anniversaire.
7. Qu'est-ce que Richard veut?

III. Applications

1. Quand est votre anniversaire?
2. Quand est celui de votre mère? père? ami? amie?
3. Est-ce que vous envoyez des cartes d'anniversaire à vos amis?
4. Où achetez-vous des cartes?
5. Recevez-vous beaucoup de cadeaux pour votre anniversaire?
6. Est-ce qu'il va y avoir une fête pour votre anniversaire?

19. Un dîner d'affaires

Laurence Pasquier est une jeune Parisienne qui se croit très cultivée et élégante. Son mari, Dominique, lui a demandé de l'accompagner à un dîner d'affaires. Laurence trouve les clients grossiers et leurs femmes aussi.

LAURENCE:	Venez-vous souvent à Paris?
LA FEMME D'UN CLIENT:	Non. Je préfère la vie tranquille et l'air pur de la campagne. La circulation et la pollution me rendent folle.
LAURENCE:	Moi, j'adore les activités culturelles de la capitale, la mode et les célébrités qu'on peut y rencontrer. Je ne pourrais jamais m'enterrer en province.

41

(Laurence s'excuse pour aller aux toilettes. Elle revient fraîchement maquillée.)

LAURENCE: Dominique, tu n'as pas honte! Cette énorme part de gâteau au chocolat est absolument indécente.

DOMINIQUE: Tu en veux? C'est délicieux.

LAURENCE: Tu sais bien que je suis au régime!

DOMINIQUE: Tant mieux! J'en aurai plus. Et comme j'ai déjà dit au garçon que cette part était pour toi, ce serait indécent d'en commander une autre ... tu ne crois pas?

Exercices de compréhension

I. Select the word that best completes each statement, according to the dialogue.

1. Dominique et sa femme sont à (une pièce de théâtre, au cinéma, à un dîner d'affaires).
2. Laurence est une jeune femme (snob, simple, réservée).
3. Elle trouve les clients de son mari (agréables, grossiers, intéressants).
4. Elle préfère la vie (à Paris, à la campagne, en province).
5. Elle fait attention à (son régime, son éducation, ses enfants).
6. Dominique a dit au garçon que le gâteau était pour (lui, les clients, sa femme).
7. Dominique se moque (du garçon, de sa femme, de la femme du client).

II. Answer these questions in complete statements in French.

1. Qui est-ce que Dominique a invité à l'accompagner au dîner?
2. Qui est-ce qu'il doit rencontrer?
3. Comment Laurence trouve-t-elle les clients de son mari et leurs femmes?
4. Qu'est-ce que Laurence aime à Paris?
5. Est-ce que la femme du client aime Paris?
6. Pourquoi Laurence ne veut-elle pas de gâteau?
7. Selon Dominique, pour qui est l'énorme part de gâteau?
8. Qui la mange?

III. Applications

1. Allez-vous parfois à des dîners d'affaires?
2. Aimez-vous y aller?
3. Etes-vous au régime?
4. Préférez-vous les gens snobs ou simples?
5. Préférez-vous la vie de la capitale ou de la province?
6. Jouez-vous parfois des tours à votre soeur, frère, père? Lesquels?

20. La salle de séjour

Marie et Pierre, nos deux jeunes mariés, viennent de s'installer dans un petit appartement dans la banlieue bruxelloise. Marie regarde un magazine de décoration. Elle est absolument charmée par la maison d'une actrice américaine. Pierre regarde un match de football à la télé, mais elle lui demande de regarder la revue.

MARIE: Regarde Pierre ce living! On pourrait arranger les meubles comme ça. Je suis sûre qu'aux Puces, on pourrait trouver des trucs très originaux. Avec des tons pastels, ça agrandirait la pièce. On pourrait peut-être aussi abattre le mur de la chambre, ça nous donnerait encore plus de place.

PIERRE: Tu oublies que le living de ton Américaine fait sans doute dix fois la taille de cet appartement et qu'on n'est pas en Californie mais à Bruxelles. De plus, je suppose que ce n'est pas le mari ni le petit copain de ton actrice qui a fait tous les travaux. Dans notre cas, ce serait moi et franchement je préfère passer le week-end à regarder le foot à la télé.

Exercices de compréhension

I. Select the response that best answers each question according to the dialogue.

1. Quel jour est-ce?
    a. Vendredi. b. Samedi. c. Dimanche. d. Jeudi.
2. Que fait Pierre?
    a. Il regarde la télé.   c. Il répare son vélo.
    b. Il regarde des   d. Il fait le ménage.
        magazines.
3. Que fait Marie?
    a. Elle regarde la télé.   c. Elle parle au téléphone.
    b. Elle regarde des   d. Elle fait le ménage.
        magazines.
4. De quoi parle-t-elle avec Pierre?
    a. D'une nouvelle voiture. c. De décorer l'appartement.
    b. Des vacances.   d. De sa famille.

II. Answer these questions in complete sentences in French.

1. Quel jour est-ce?
2. Où sont Marie et Pierre?
3. Près de quelle ville belge habitent-ils?
4. Que veut faire Marie?
5. Comment trouve-t-elle des idées de décoration?
6. Pourquoi parle-t-elle d'abattre des murs?
7. Est-ce que ces idées de décoration enchantent Pierre?
8. Qu'est-ce qu'il aime faire pendant le week-end?

III. Applications

1. Est-ce que la décoration vous intéresse?
2. Savez-vous peindre ou tapisser?
3. Avez-vous décoré votre propre chambre?
4. Habitez-vous dans un appartement ou une maison?
5. Préférez-vous les maisons anciennes ou les maisons modernes?

21. Le réfrigérateur

Frédéric a toujours faim. Ses parents le laissent se servir mais ils n'aiment pas sa manie d'ouvrir sans arrêt la porte du réfrigérateur.

LA PÈRE: Ecoute Frédéric, si tu as faim, prends quelque chose une bonne fois pour toutes, mais n'ouvre pas la porte du réfrigérateur <u>toutes les cinq minutes</u>!

FRÉDÉRIC: Oui, mais j'ai faim, et il n'y a rien à manger là-dedans.

LE PÈRE: N'exagère pas! Ta mère vient de faire les courses et a dépensé une fortune.

FRÉDÉRIC: C'est fort possible, mais il n'y a rien à mon goût.

every five minutes

	(Le père ouvre la porte du réfrigérateur.)
LE PÈRE:	Mais regarde tout ce qu'il y a là, sur les étagères: du fromage, des yaourts, du lait, du Coca, des oeufs, des fruits, etc.
FRÉDÉRIC:	Je n'aime pas ça!
	(Le père ouvre les divers compartiments.)
LE PÈRE:	Ici, il y a une laitue, des tomates, des radis, un concombre, deux oranges et une pomme.
FRÉDÉRIC:	Je n'ai pas envie de ça!
LE PÈRE:	Et là, il y a des salades de tomates, de concombres et des carottes râpées.
	(Frédéric sort de la cuisine avant que son père ait fini. La mère entre et voit son mari le nez dans le réfrigérateur.)
LA MÈRE:	Ah! tu as faim! Tu as le choix! Je suis allée faire les courses aujourd'hui.
LE PÈRE:	Je vois, ma chérie, mais Frédéric a raison. Il n'y a rien à manger.

Exercices de compréhension

I. Rearrange these statements according to the sequence of the dialogue.

1. Il énumère tout ce qu'il y a sur les étagères.
2. Pourtant, sa mère vient de faire les courses.
3. Il dit qu'il n'y a rien à manger dans le réfrigérateur.
4. Frédéric a la manie d'ouvrir la porte du réfrigérateur.
5. Son père lui montre ce qu'il y a dans le réfrigérateur.
6. Il cherche toujours quelque chose à manger.
7. Toujours insatisfait, Frédéric sort de la cuisine.
8. Mais cette fois-ci, Frédéric ne trouve rien à manger.
9. Enfin, le père dit que son fils a raison.
10. Elle a dépensé une fortune au supermarché.

II. Answer these questions in complete sentences in French.

1. Quelle est la manie de Frédéric?
2. Qu'est-ce qu'il cherche?
3. Que trouve-t-il dans le réfrigérateur?
4. Combien d'argent sa mère a-t-elle dépensé au supermarché?
5. Que lui montre son père?
6. Qu'est-ce qu'il y a sur les étagères?

7. Qu'est-ce qu'il y a dans les compartiments?
8. Pourquoi Frédéric sort-il de la cuisine?
9. Qui a raison?
10. Pourquoi le père dit-il cela?

III. Applications

1. Est-ce que vous vous servez dans le réfrigérateur?
2. Que mangez-vous?
3. Quand le faites-vous?
4. Pourquoi le faites-vous?
5. Combien d'argent votre mère dépense-t-elle par semaine au supermarché?
6. Quelle est votre nourriture préférée?

22. Le réveillon de Noël

La famille Noël a décidé d'aller faire du ski pendant les vacances de Noël. Les deux fils, Rémi et Yves, sont ravis et s'amusent comme des fous.

(C'est le soir du réveillon, après une longue journée de ski.)

LES PARENTS: Nous sommes éreintés. Nous allons rentrer nous reposer avant le dîner.
(Dans leur chambre.)

M. NOËL: Tu sais, je suis un peu triste. Je me sens mal à l'aise parmi tous ces skieurs qui font leurs derniers achats de Noël. Toutes ces festivités me semblent vides et impersonnelles ici. Nos chers petits réveillons me manquent.

MME NOËL: Moi aussi, je ressens la même chose. Notre cher sapin, le repas que je prépare toujours avec tant de soin, les huîtres, la dinde rôtie, les marrons glacés! Mais je crois que les deux garçons adorent être ici.

(Les deux fils rentrent, chargés de paquets, très heureux.)

LES DEUX FILS: Allons! Allons! Réjouissez-vous! C'est Noël! Nous allons au restaurant La Cheminée. Le dîner est à 9 heures.

LE PÈRE: Oh! mais c'est un restaurant quatre étoiles. Je n'avais pas prévu cela dans notre budget de vacances.

RÉMI: Ne t'en fais pas! Le restaurant ne pourra rien refuser au père Noël et sa famille. Ton nom est bien Noël, non! En route! Le traîneau nous attend!

Exercices de compréhension

I. Vrai ou Faux. Indicate whether these statements are true or false. If the statement is false, make it true.

1. C'est la veille de Noël.
2. La famille Noël passe les fêtes de Noël chez elle.
3. Ils sont au bord de la mer.
4. M. et Mme Noël ont deux fils.
5. Les deux fils s'amusent beaucoup.
6. Les parents sont un peu tristes.
7. Ils ne vont pas célébrer le réveillon de Noël.
8. Le restaurant ne pourra rien refuser au père Noël et sa famille.
9. Les deux fils ont acheté beaucoup de cadeaux.
10. Toute la famille va au restaurant La Cheminée.

II. Answer these questions in complete sentences in French.

1. Où est la famille Noël?
2. Quel jour est-ce?
3. Comment s'appellent les deux fils Noël?
4. Pourquoi les parents Noël sont-ils un peu tristes?
5. Qui a fait les réservations au restaurant?
6. Comment s'appelle le restaurant?
7. Qu'est-ce qu'il y a dans les paquets?
8. Pourquoi le restaurant ne peut-il rien leur refuser?

III. Applications

1. Où passez-vous Noël en général?
2. Préférez-vous rester chez vous ou aller en vacances?
3. Que faites-vous le soir du réveillon?
4. Décorez-vous le sapin de Noël?
5. Donnez-vous des cadeaux à votre famille?
6. Quels sont vos cadeaux favoris?

23. L'électricien

M. Lemaître est professur de droit. Il vient d'acheter un vieux chalet dans le Canton Jura en Suisse. Il est en train de restaurer le chalet avec sa femme et ses enfants. Un électricien est venu faire l'installation électrique.

L'ÉLECTRICIEN: Et bien, mon travail est fini! Vous pourrez maintenant y voir aussi clair qu'en plein jour.

LE PROFESSEUR: Parfait! Je pourrai travailler confortablement et en toute tranquillité ici. Je suis tout le temps dérangé à Genève. Combien est-ce que je vous dois?

L'ÉLECTRICIEN: Je vais vous dire cela tout de suite.

(Il fait ses calculs puis tend la note au professeur.)

LE PROFESSEUR: En bien dites donc, cela fait mal! Vos tarifs sont exorbitants! Vous gagnez plus qu'un prof!

L'ÉLECTRICIEN: Je le sais bien. C'est pour ça que j'ai abandonné mes études de droit et que je suis devenu électricien.

LE PROFESSEUR: Je vois. Alors, je n'ai pas de temps à perdre. J'ai du travail sur la planche.

Exercices de compréhension

I. Select the word that correctly completes each statement.

1. Un (plombier, peintre, électricien) travaille chez le professeur.
2. Il fait (la plomberie, l'installation électrique, les peintures).
3. Le professeur lui demande (combien il lui doit, de refaire le travail, de lui raconter sa vie).
4. L'électricien (fait ses calculs, paie la note, prend un verre avec le prof).
5. Sa note est (raisonnable, bon marché, chère).
6. Avant d'être électricien, il faisait des études de (droit, médecine, technicien).

II. Answer these questions in complete sentences in French.

1. Qu'est-ce que M. Lemaître restaure?
2. Où se trouve cette maison?
3. Qui fait les travaux de restauration?
4. Qui fait l'installation électrique?
5. Comment sont les tarifs de l'électricien?
6. Que faisait l'électricien avant d'être électricien?
7. Pourquoi a-t-il abandonné ses études?
8. Qui gagne plus, le professeur ou l'électricien?

III. Applications

1. Qu'est-ce que vous voulez faire plus tard dans la vie?
2. Qu'est-ce que fait votre père? votre mère?
3. Est-ce que l'argent est important dans votre choix de métier?
4. Combien voulez-vous gagner?
5. Où voudriez-vous travailler, dans une grande ville, une petite ville ou à la compagne?

I just had my hair cut.

24. Chez le coiffeur

Jean-Paul Rivière est un jeune Québécois de 16 ans qui rêve d'être artiste. Il fait tout pour paraître différent des autres. Par exemple, il s'habille d'une façon excentrique. Ses parents sont assez libéraux mais sont un peu choqués de son apparence physique.

M. RIVIÈRE: Jean-Paul, va te faire couper les cheveux! Tes cheveux sont trop longs!
(Jean-Paul a vu des photos de coiffures bizarres dans la vitrine du coiffeur près de chez lui. Il décide d'y aller.)

LE COIFFEUR: Bonjour, jeune homme! Comment voulez-vous que je vous coupe les cheveux?

Je viens de me faire couper les cheveux

JEAN-PAUL:	Je les voudrais comme ça.
	(Il fait des gestes pour lui décrire.)
	Laissez-les longs à droite et coupez-les courts à gauche, au-dessus de l'oreille, avec la raie sur le côté.
LE COIFFEUR:	Et le devant? Vous allez toujours avoir les cheveux dans les yeux.
JEAN-PAUL:	Oh, cela ne fait rien! Ce sera très original! Vous savez les artistes ne sont pas des gens comme tout le monde. Ils ne sont ni pratiques ni conformistes!
LE COIFFEUR:	Si vous voulez vous faire remarquer, c'est votre affaire.
	(Jean-Paul sort tout heureux de chez le coiffeur. Le lendemain, à l'école, il voit deux filles avec la même coupe de cheveux.)

Exercices de compréhension

If you want to be noticed

I. Complete each segment in column A with a segment from column B.

A	B
1. Jean-Paul va	a. être long.
2. Son père lui dit de	b. être sur le côté.
3. Il veut une coupe	c. se faire couper les cheveux.
4. Le côté gauche doit	d. va se faire remarquer.
5. Le côté droit doit	e. chez le coiffeur.
6. La raie doit	f. être court.
7. Le coiffeur dit qu'il	g. originale.

II. Answer these questions in complete sentences in French.

1. Où va Jean-Paul?
2. Pourquoi y va-t-il?
3. Quelle sorte de coupe de cheveux veut-il?
4. Comment doit être le côté gauche?
5. Comment doit être le côté droit?
6. Où doit être la raie?
7. Quelle sorte de garçon est Jean-Paul?
8. Le coiffeur trouve-t-il cette coupe normale?
9. Jean-Paul est-il satisfait en sortant de chez le coiffeur?
10. Est-ce que sa coupe de cheveux est unique?

III. Applications

1. Aimez-vous aller chez le coiffeur?
2. Y allez-vous souvent?
3. Comment s'appelle votre coiffeur?
4. Où est votre coiffeur?
5. Préférez-vous les coupes traditionnelles ou originales?

25. Au téléphone

C'est l'heure du déjeuner. Le téléphone sonne. M. et Mme Carnot détestent être dérangés pendant les repas. M. Carnot décroche.

M. CARNOT: Allô!
LA CORRESPONDANTE: Mme Carnot, s'il vous plaît!
M. CARNOT: Elle n'est pas là. C'est de la part de qui? Voulez-vous me donner votre nom?
LA CORRESPONDANTE: C'est Miriam, à l'agence Voyages-Vacances. Je rapellerai plus tard.
M. CARNOT: C'était pour toi. J'ai dit que tu n'étais pas là.
MME CARNOT: Qui était-ce?

M. CARNOT:	Je ne me souviens pas très bien du nom de la personne. Je crois qu'elle a dit Voyages-Vac . . .
MME CARNOT:	Voyages-Vacances? Oui, j'ai mis mon nom sur un bulletin pour gagner un voyage à Tahiti. Et tu as dit que je n'étais pas à la maison! J'appelle tout de suite! *(Elle cherche le numéro de téléphone dans l'annuaire.)*
MME CARNOT:	Allô! Voyages-Vacances? Ici, Mme Carnot. Miriam, s'il vous plaît!
LA CORRESPONDANTE:	Désolée, Madame. Elle est partie pour le week-end. Rappelez lundi, après 9 heures.

Exercices de compréhension

I. Complete each segment in column A with a segment in column B.

A	B
1. Les Carnot sont en train de	a. Mme Carnot.
2. Ils détestent	b. travaille à l'agence Voyages-Vacances.
3. La correspondante demande	c. déjeuner.
4. M. Carnot dit que sa femme	d. un voyage à Tahiti.
5. Miriam dit qu'elle	e. être dérangés.
6. Mme Carnot a mis son nom	f. n'est pas là.
7. Elle espère gagner	g. pour le week-end.
8. Miriam est partie	h. sur un bulletin.

II. Answer these questions in complete sentences in French.

1. Où sont M. et Mme Carnot?
2. Que font-ils?
3. Qu'est-ce qu'ils détestent?
4. Qui répond au téléphone?
5. Pour qui est la communication?
6. Qui appelle?
7. Que répond M. Carnot?
8. Pourquoi Mme Carnot veut-elle rappeler?
9. Où cherche-t-elle le numéro de téléphone?
10. Pourquoi ne peut-elle pas parler à Miriam?

III. Applications
1. Combien de téléphones avez-vous chez vous?
2. Avez-vous un téléphone personnel?
3. A qui téléphonez-vous le plus souvent?
4. Payez-vous la note de téléphone?
5. Faites-vous souvent des communications à longue distance?

26. A l'hôtel

Tous les ans la famille Fontenelle va passer les vacances d'été sur la côte Atlantique. Ils restent en général un mois dans le même camping. Cette année, Mme Fontenelle a décidé que ce serait différent.

MME FONTENELLE: Ecoutez, j'ai encore plus de travail pendant les vacances que durant l'année. C'est la cuisine trois fois par jour, la vaisselle à faire à la main, la lessive, ranger toutes vos affaires. J'en ai assez du camping! Allons à l'hôtel! Du moins, je pourrai me reposer.

(Ils sont donc descendus dans un petit hôtel de la côte et ils ont pris la pension complète. Quelques jours après leur arrivée, tout est loin d'être parfait.)

M. FONTENELLE: Ah! Qu'est-ce que je regrette l'atmosphère détendue de nos vacances passées! Il n'y avait pas d'horaire. Je pouvais prendre l'apéritif et jouer aux cartes avec les voisins. Ici, c'est comme à l'armée. Et les vacanciers ne sont même pas aimables.

MME FONTENELLE: Oui, mais je ne fais pas les lits, la cuisine ni la vaisselle. Je me détends.

LE FILS: J'en ai marre. L'hôtelière ne veut pas que je monte dans ma chambre quand je reviens de la plage parce que j'ai les pieds pleins de sable.

LA FILLE: Et puis on mange mal. C'est toujours la même chose.

ENSEMBLE: Dis maman, si on retournait au camping? On t'aiderait à faire toutes les corvées et ce serait mieux qu'ici.

LE PÈRE: Excellente idée, les enfants! Au travail! Faites les valises. Moi, je vais payer la note.

Exercices de compréhension

I. Complete each segment in column A with a segment from column B.

A	B
1. Tous les ans les Fontenelle	a. descendre dans un petit hôtel.
2. Cette année ils vont	b. se reposer.
3. Mme Fontenelle avait	c. son apéritif avec les voisins.
4. Maintenant elle veut	d. retourner au camping.
5. M. Fontenelle regrette	e. trop de travail avant.
6. Les enfants n'aiment pas	f. passent leurs vacances dans un camping.
7. Ils proposent de	g. aideront Mme Fontenelle.
8. La condition est qu'ils	h. la cuisine.

II. Answer these questions in complete sentences in French.
    1. Où les Fontenelle passent-ils leurs vacances d'été?
    2. Que faisaient-ils les années précédentes?
    3. Où vont-ils cette année?
    4. Pourquoi Mme Fontenelle ne veut-elle plus faire de camping?
    5. Pourquoi M. Fontenelle n'est-il pas enchanté cette année?
    6. Pourquoi le fils n'est-il pas content?
    7. Pourquoi la fille n'aime-t-elle pas l'hôtel?
    8. Que proposent les enfants?
    9. Que répond le père?

III. Applications
    1. Préférez-vous les vacances à l'hôtel ou dans un camping?
    2. Avez-vous déjà fait du camping?
    3. Aimez-vous prendre vos repas à l'hôtel?
    4. Aimeriez-vous passer un mois dans un camping avec votre famille?

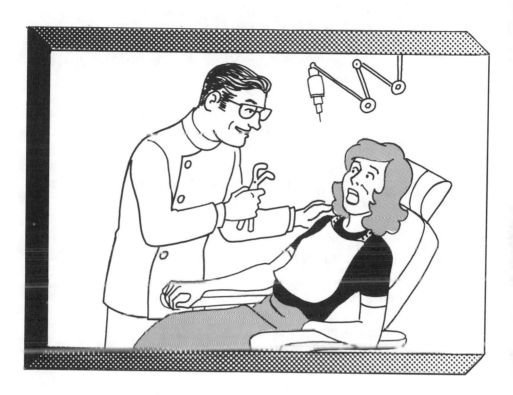

27. Chez le dentiste

Sophie Duval a très mal aux dents. Elle appelle son dentiste mais il est parti en vacances. Elle attend plus de deux jours, mais elle a tellement mal qu'elle décide d'aller voir un autre dentiste.

SOPHIE: Bonjour docteur. Je crois que c'est la molaire du fond qui me fait mal.

LE DENTISTE: Nous allons voir cela tout de suite. Asseyez-vous, Mademoiselle, et ouvrez la bouche bien grande! Mais vous savez, Mademoiselle, vous avez beaucoup de caries et il faudrait mettre une couronne ici.

SOPHIE: Docteur, occupez-vous de la dent qui me fait mal pour l'instant!

LE DENTISTE:	Oui! Oui! Je vois celle qui vous fait mal. Elle est en très mauvais état. Il y a sans doute un abcès. Il faudrait l'arracher. Vous vous sentirez mieux dans quelques minutes.
	(Quinze minutes plus tard.)
LE DENTISTE:	En bien, comment vous sentez-vous maintenant? Vous ne voulez pas que je vous fasse quelques plombages aussi?
SOPHIE:	Oh, non! J'ai encore plus mal qu'avant, et maintenant c'est dans toute la bouche. Vous êtes bien sûr d'avoir arraché celle qu'il fallait?

Exercices de compréhension

I. Complete each statement with the appropriate word from the list below.

1. Sophie a mal aux _____ .
2. Elle va chez un _____ .
3. Elle a mal depuis _____ .
4. Elle s'assied et elle ouvre la _____ .
5. Le dentiste dit qu'elle a beaucoup de _____ .
6. Il faut _____ la dent.
7. Maintenant Sophie a mal dans _____ la bouche.
8. Sophie lui demande s'il a arraché _____ .

a. bouche	e. caries
b. toute	f. celle qu'il fallait
c. dents	g. plus de deux jours
d. arracher	h. dentiste

II. Answer these questions in complete sentences in French.

1. Où est Sophie Duval?
2. Pourquoi y est-elle?
3. Est-ce que c'est son dentiste?
4. Que lui dit le dentiste au sujet de ses dents?
5. Que lui dit-il au sujet de la dent qui lui fait mal?
6. Que recommande-t-il de faire?
7. Est-ce que le mal de dents de Sophie disparaît?
8. Qu'est-ce qu'elle lui demande?

III. Applications

1. Aimez-vous aller chez le dentiste?
2. Combien de fois par an y allez-vous?
3. Comment s'appelle votre dentiste?
4. Est-ce que le dentiste vous fait mal?
5. Où est son cabinet dentaire?

28. Au musée

A l'entrée du Centre Georges Pompidou, un employé du musée fait une enquête. Il interroge les gens qui entrent dans le musée.

L'EMPLOYÉ: Pardon, Messieurs. Pourriez-vous me dire pourquoi vous êtes venus visiter le musée aujourd'hui?

VISITEUR 1: Parce qu'il y a une nouvelle exposition de photos sur l'Amérique du Sud qui m'intéresse beaucoup. Comme je suis Colombien, je ne voulais pas rater cela.

VISITEUR 2:	Et moi, je n'avais rien d'autre à faire. Alors j'ai suivi mon copain. Cela ne peut pas me faire de mal.
L'EMPLOYÉ:	Et vous, Madame, pourquoi êtes-vous ici aujourd'hui?
LA FEMME:	J'ai rendez-vous avec une amie ici. Nous allons visiter quelques salles.
UNE AUTRE:	Pour acheter un cadeau dans le magasin de souvenirs du musée.
UN ÉTUDIANT:	J'avais une heure à tuer avant d'aller à mes cours. Je viens souvent ici. C'est passionnant de regarder la foule.
	(Un homme entre tout mouillé.)
L'EMPLOYÉ:	Et vous, Monsieur?
L'HOMME:	Tout simplement pour m'abriter de la pluie. Je vais attendre que la pluie s'arrête et peut-être que je jetterai un coup d'oeil à l'intérieur.

Exercices de compréhension

I. Vrai ou Faux. Indicate whether these statements are true or false. If the statement is false, make it true.

1. Tous les personnages du dialogue sont à l'entrée d'un musée.
2. Un employé du musée demande de l'argent à ceux qui veulent entrer.
3. Il veut savoir pourquoi ils sont venus au musée.
4. La première personne veut voir une exposition de photos.
5. La deuxième personne veut voir les fresques égyptiennes.
6. Une femme travaille dans le magasin.
7. Une autre femme a rendez-vous avec son mari.
8. L'étudiant passe le temps.
9. La dernière personne veut s'abriter de la pluie.

II. Answer these questions in complete sentences in French.

1. Où est l'employé du musée?
2. Que fait-il?
3. Qui interroge-t-il?
4. Que veut-il savoir?
5. Quelle est la réponse du premier visiteur?
6. Et la réponse du deuxième visiteur?

7. Celle de la première femme?
8. Celle de l'autre femme?
9. Celle de l'étudiant?
10. Celle de la dernière personne?

III. Applications

1. Aimez-vous visiter les musées?
2. Quel est votre musée préféré?
3. Pourquoi vous plaît-il?
4. Où est ce musée?
5. Y allez-vous souvent?
6. Comment y allez-vous?

29. Au café

*Une bande de copains est allée au cinéma. Ils décident
d'aller tous au café U.F.O. après le film.*

PIERRE: Qu'est-ce que vous prenez?
NADINE: Un café.
VINCENT: Moi aussi.
            (Les autres répondent tous: "Moi aussi!")
PIERRE: Six cafés, s'il vous plait!
            (Les amis regardent autour d'eux.)
PIERRE: Tiens! Cet endroit, avec ses soucoupes volantes et ses
            extraterrestres me rappelle le cauchemar que j'ai eu la
            nuit dernière.
VINCENT: Ah oui? Raconte-nous!

PIERRE: Eh bien, je me promenais seul, dans un parc. Il faisait nuit. Soudain, j'ai vu quelque chose descendre du ciel.

VINCENT: Ah, oui? Qu'est-ce que c'était?

PIERRE: Un engin spatial, comme ceux qu'on voit dans les films de science-fiction. Il a atterri pas très loin de moi et une créature bizarre en est sortie.

NADINE: Décris-la! Est-ce qu'elle était verte?

PIERRE: Oui, et plutôt moche. Elle avait un oeil au milieu du front, un seul bras au niveau de la poitrine et des jambes qui ressemblaient à des pattes de crocodile.

VINCENT: Bon! Qu'est-ce qui s'est passé après ça?

PIERRE: Tu sais, j'avais peur, surtout quand elle s'est avancée dans ma direction.

NADINE: Est-ce qu'elle t'a parlé?

PIERRE: Oui! Elle a dit qu'elle voulait voir mon chef.

VINCENT: Et qu'est-ce que tu lui as répondu?

PIERRE: Je lui ai dit: "Mon chef ne pourrait pas t'aider. Tu ferais mieux de voir un spécialiste de chirurgie esthétique!"

Exercices de compréhension

I. Complete each statement with the appropriate word from those given below.

1. La bande de copains sort du _____ .
2. Ils décident d'aller au _____ .
3. Le café U.F.O. est décoré de _____ .
4. Pierre raconte un _____ .
5. Il a vu un _____ atterrir dans un parc.
6. Un _____ lui a parlé.
7. La créature avait un _____ au milieu du front.
8. Elle n'avait qu'un _____ .
9. Elle lui a demandé de voir son _____ .
10. Pierre a dit à la créature qu'elle devrait aller voir un spécialiste de _____ .

a. café
b. cauchemar
c. extraterrestre
d. bras
e. chirurgie esthétique
f. chef
g. cinéma
h. soucoupes volantes
i. engin spatial
j. oeil

II. Answer these questions in complete sentences in French.

1. Après le cinéma où vont les copains?
2. Quel est le thème du décor du café?
3. Combien de cafés commandent-ils?
4. Qui raconte un cauchemar?
5. Où se promenait-il?
6. Qu'est-ce qu'il a vu?
7. Comment était l'extraterrestre?
8. Que lui a dit l'extraterrestre?
9. Est-ce que le "chef" de Pierre pourrait aider l'extraterrestre?
10. Qui serait plus utile à l'extraterrestre?

III. Applications

1. Allez-vous souvent au cinéma?
2. Y allez-vous avec des copains, en famille ou seul(e)?
3. Quel type de films préférez-vous?
4. Où allez-vous après le film?
5. Vous rappelez-vous vos rêves?
6. Racontez un rêve ou un cauchemar

30. Au cinéma

Vincent a promis à son petit frère, Christophe, de l'emmener au cinéma voir un film de Walt Disney. Ils vont à la séance du samedi après-midi.

(Au guichet.)

VINCENT: Deux billets, s'il vous plaît. Un tarif enfant, l'autre tarif étudiant.

L'EMPLOYÉE: Le film a commencé il y a déjà longtemps.

VINCENT: Quel autre film y a-t-il?

L'EMPLOYÉE: Un de science-fiction qui commence dans dix minutes.

VINCENT: Ça te va?

CHRISTOPHE: Je ne sais pas, moi, la science-fiction . . . mais si tu m'achètes des bonbons à l'entracte, j'irai. C'est mieux que de rester à la maison.
(A l'entracte.) ~~intermission~~

CHRISTOPHE: Tu sais, c'est formidable comme film. Ce robot avec le masque noir et les dents d'acier est super. Tu crois qu'il y a vraiment des engins comme ça dans le ciel qui se font la guerre? Ça bat les biches et les lapins de Walt Disney!

VINCENT: Au fait, tu veux toujours des bonbons? L'ouvreuse est près de notre rangée.

CHRISTOPHE: Oh non! C'est pour les enfants! Les bonbons et la science-fiction ne vont pas ensemble. Quand je vais raconter ça aux copains, ils ne vont pas le croire. Dis, tu m'emmèneras en voir d'autres?

VINCENT: Je ne sais pas ce que maman va dire.

CHRISTOPHE: Oh! On lui dira que c'est plus éducatif et qu'elle fait des économies parce que je ne mange pas de bonbons!

Exercices de compréhension

I. Complete each segment in column A with a segment in column B.

A	B
1. Vincent emmène son frère	a. a déjà commencé.
2. Le premier film	b. dans dix minutes.
3. Vincent achète	c. achète des bonbons.
4. C'est un film	d. au cinéma.
5. Le film commence	e. de science-fiction.
6. Il faudra que Vincent	f. deux billets.
7. Le film	g. ne pas manger de bonbons.
8. Il décide même de	h. que c'est éducatif.
9. Les bonbons et la science-fiction	i. plaît beaucoup à Christophe.
10. Il va dire à sa mère	j. ne vont pas ensemble.

II. Answer these questions in complete sentences in French.

1. Où vont Christophe et Vincent?
2. Pourquoi ne voient-ils pas le film de Walt Disney?

3. Qu'est-ce que Vincent promet à Christophe avant le film?
4. Qu'est-ce que Christophe lui dit à l'entracte?
5. Est-ce que Vincent veut des bonbons?
6. Pourquoi?
7. Qu'est-ce que Christophe demande à son frère?
8. Pourquoi Vincent ne dit pas oui?
9. Comment Christophe obtiendra-t-il la permission de sa mère?

III. Applications

1. Avez-vous un frère ou une soeur plus âgé(e)?
2. Sortez-vous parfois avec lui/elle?
3. Que faites-vous?
4. Que pensez-vous de films de science-fiction?
5. Est-ce que vos parents vous donnent de l'argent de poche?

Exercices

1. A la douane

I. Vocabulaire

A. Synonyms are words that have a similar meaning. Match these synonyms.

A	B
1. en ce moment	a. bagages
2. valises	b. excursion
3. sensationnel	c. fantastique
4. voyage	d. tabac
5. cigarettes	e. maintenant

B. Antonyms are words that have an opposite meaning. Match these antonyms.

A	B
1. long	a. horrible
2. paresseux	b. rien
3. sensationnel	c. antipathique
4. toujours	d. court
5. quelque chose	e. travailleur
6. sympathique	f. jamais

II. Verbes

A. Complete each statement with the appropriate form of *être* or *avoir*.

1. L'aéroport de Roissy-Charles de Gaulle _____ en France.
2. _____ -vous froid ou chaud en ce moment?
3. _____ -tu de Chicago?
4. Quel âge _____ -tu?
5. Nous _____ en classe.
6. _____ -t-il quelque chose à déclarer?
7. Je ne _____ pas douanier.
8. Le douanier n' _____ pas sympathique.
9. J' _____ un passeport.
10. _____ -tu assez grand pour fumer?

B. Complete the crossword puzzle with the appropriate form of the verbs indicated. Do not use accent marks in this puzzle.

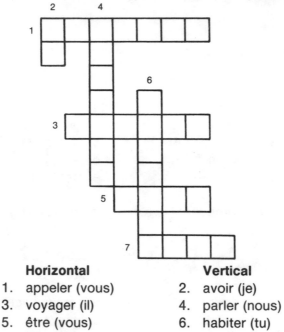

Horizontal	Vertical
1. appeler (vous)	2. avoir (je)
3. voyager (il)	4. parler (nous)
5. être (vous)	6. habiter (tu)
7. être (je)	

III. Structure

A. Unscramble the words to form a sentence in French.

1. très/tu/sympathique/es
2. ville/Paris/est/une/belle
3. à/déclarer/vous/quelque chose/avez/?
4. Australie/revient/il/d'
5. nous/voyages/aimons/les
6. vous/comment/appelez/vous/?
7. Roissy-Charles du Gaulle/est/où/?

B. Complete the following passage by inserting the appropriate words from those given below.

capitale   pays   s'appelle   l'aéroport

maintenant   douanier   est

Sam vient d'Australie. C'est un grand _____1_____ .

Sa capitale _____2_____ Sydney. Sam est à

_____3_____ de Roissy-Charles de Gaulle. Il parle avec

le _____4_____ . Il est pressé de voir la _____5_____ .

2. Dans la cuisine

Vocabulaire

A. Cognates are words that have a similar root or element in both French and English. For example, *salade* is a cognate of *salad.* Give the English equivalents of the following:

1.	tomate	6.	céleri
2.	carotte	7.	concombre
3.	laitue	8.	persil
4.	oignon	9.	poire
5.	radis	10.	orange

B. Match these synonyms. Then complete the sentence below with the word that appears in the boxes.

A		B
1. ai m er		a. végétaux
2. prép a rer le repas		b. prendre le dîner
3. dî n er		c. maman
4. lé g umes		d. adorer
5. mèr e		e. faire la cuisine

Je _____ à huit heures du soir.

C. Match these antonyms. Then complete the sentence below with the word that appears in the boxes.

A		B
1. aimer		a. ig n orer
2. difficile		b. ma u vais
3. bon		c. fac i le
4. savoir		d. détes t er

La _____ , on peut voir la lune.

II. Verbes

Unscramble these sentences to practice the verb *faire*. Make whatever changes are needed.

Exemple: beau/faire/il/en/été—*En été, il fait beau.*

1. beau/il/aujourd'hui/est oc/faire/que/?
2. faire/ne pas/je/aimer/cuisine/la
3. tu/après/qu'est-ce que/faire/4 h./?
4. mère/bien/frites/faire/ma/les
5. hiver/ski/en/faire/du/on

III. Structure

A. Quelle heure est-il? Write the time in each of the clocks in French.

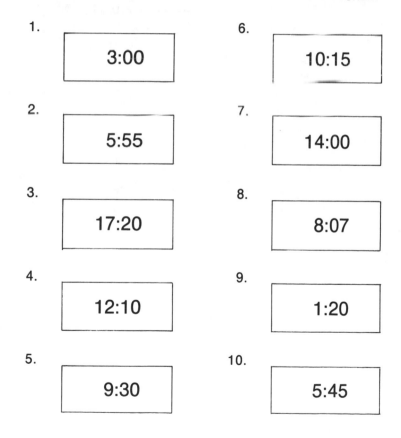

1. `3:00`
6. `10:15`
2. `5:55`
7. `14:00`
3. `17:20`
8. `8:07`
4. `12:10`
9. `1:20`
5. `9:30`
10. `5:45`

B. A quelle heure? Answer these questions using the time indicated in parentheses.

1. A quelle heure dînez-vous? (6:30 p.m.)
2. A quelle heure dîne-t-on en France? (7:30 p.m.)
3. A quelle heure allez-vous en classe? (9:00 a.m.)
4. A quelle heure regardez-vous les nouvelles? (6:00 p.m.)
5. A quelle heure vous couchez-vous? (10:00 p.m.)

C. Read the paragraph and then select the appropriate word from those given to complete each statement.

goût   cuisine   mettre   surpris
travail   faire

Laurence et Sophie sont dans la _____1_____ . Elles vont _____2_____ des spaghetti pour le dîner. Pour donner du _____3_____ à la sauce tomate, elles vont _____4_____ du poivron vert et de l'oignon. Leurs parents vont être _____5_____ quand ils rentreront du _____6_____ .

3. Au club sportif

A. Name five sports with an English name that are played by French people.

1. _____
2. _____
3. _____
4. _____
5. _____

Name five sports with a French name that are played in France.

1. _____
2. _____
3. _____
4. _____
5. _____

B. Antonyms. Match the following words or expressions that have opposite meanings.

A	B
1. morte de fatigue	a. ancien
2. contente	b. soir
3. été	c. déçue
4. nouveau	d. en pleine forme
5. matin	e. hiver

II. Verbes

A. Complete the sentences using the appropriate form of the verbs given in the model.

1. Sylvie va revenir demain.
   Tu _____ .
   Nous _____ .
   Paul et Pierre _____ .
   Qui _____ ?
2. Nadine fait de l'aérobic.
   Est-ce que tu _____ de la musculation?
   Toi et moi, nous _____ du ski.

83

_____ -vous du cyclisme?

Je veux _____ du jogging.

3. Le tennis et la natation m'intéressent.

La musculation et le cyclisme _____ Nadine.

Le football _____ les joueurs.

Est-ce que le tennis et la natation
vous _____ ?

Le jogging ne m' _____ pas.

B. In each of the following statements, supply the appropriate form
of the verb *intéresser, faire,* or *aller,* as required by the meaning of
the statement. Make any change in the statement that is required
by the verb you choose.

1. C'est la politique qui le _____ le plus.
2. Je _____ du sport pour garder la ligne.
3. Est-ce que la politique te _____ ?
4. Demain, il _____ neiger.
5. Nous _____ à l'école en bus.
6. & 7. Quand il _____ trop chaud, je
ne _____ pas de jogging.

III. Structure

A. Adjectives. In French, adjectives agree in gender and number with
the nouns they modify. The feminine of most adjectives is formed
by adding an *-e* to the masculine; the plural is formed by adding an
-s to the singular. However, many adjectives have irregular
feminine and plural forms. Complete the following statements with
the correct form of the adjective.

1. (blanc) C'est une robe _____ .
2. (nouveau) Je veux une _____ voiture.
3. (mort) Sylvie est _____ de fatigue.
4. & 5. (vieux) Aimez-vous les _____ vêtements et
les _____ chaussures?
6. (content) Est-ce que votre frère et toi, vous
êtes _____ d'aller à la plage?
7. & 8. (bon) Je ne suis pas _____ en sport mais ma
soeur est très (fort) _____ .
9. (sévère) Le moniteur de sport est _____ .
10. (fatigué) Nadine, êtes-vous _____ ?

B. Unscramble these sentences.

1. jouer/Sylvie/tennis/au/va
2. faites/qu'est-ce que/le/vous/soir/vendredi/?
3. piscine/pourquoi/allez/la/à/vous/?
4. sont/ne/bonne/ils/pas/forme/en
5. pendant/reste/ne/pas/week-end/le/je/couchée
6. ligne/fait/jogging/du/Il/la/garder/pour

4. A la banque

A. Match the following antonyms.

A		**B**	
1.	dépenser	a.	au revoir
2.	bonjour	b.	humble
3.	fière	c.	économiser
4.	lendemain	d.	ennemi
5.	copain	e.	hier
6.	avec	f.	sans

B. Complete each statement with words based on the subject of the *dialogue.* Transfer the words to the appropriate place on the *mots croisés.* Do not use accent marks in the puzzle.

Horizontal

1. Christophe dit _____ à Frédéric.
3. Christophe va _____ son argent au lieu de l'économiser.
5. Frédéric, au contraire, veut _____ son argent.
7. Il sera content quand il verra les _____ s'ajouter.

Vertical

2. Christophe est le _____ de Frédéric.
4. Christophe et Frédéric se rencontrent à la _____ .
6. Frédéric va déposer son argent sur son _____ .
8. Il s'adresse au _____ .

II. Verbes

A. Complete each statement with the appropriate form of *devenir,*
venir (de), or *vouloir,* as required by the meaning of the sentence.

    1. Je _____ un disque pour Noël.

    2. Je vais déposer l'argent que je _____ de
        recevoir pour Noël.

    3. Je fais des économies pour _____ riche.

    4. Le caissier _____ de prendre mon chèque.

5. & 6. Je _____ la carte de crédit de maman mais
        elle _____ de me dire non.

B. Change the tense of each statement by replacing *aller* + infinitive
with *venir de* + infinitive.

    1. Je vais déposer mon argent à la banque.

    2. Est-ce que tu vas t'acheter un disque?

    3. Est-ce que nous allons recevoir un cadeau de Noël?

    4. Le caissier va prendre le chèque.

    5. Christophe et Frédéric vont parler à leur mère.

III. Structure

A. Complete each statement with the appropriate form: *de, du, de la,* or *des.*

1. Je vais à la banque _____ ville.
2. C'est l'heure _____ déjeuner.
3. Le copain _____ Frédéric s'appelle Christophe.
4. Je fais la somme _____ intérêts tous les mois.
5. Nous revenons _____ banque.
6. Sa mère lui parle _____ chèque.

B. Complete each statement with the appropriate form of the possessive adjectives: *mon, ton, son, ma, ta, votre.*

1. Je ne veux pas mettre _____ argent à la banque.
2. Frédéric demande la carte de crédit à _____ mère.
3. _____ copain, Christophe, va s'acheter un disque.
4. Est-ce que _____ grand-père te donne de l'argent?
5. & 6. J'aime _____ banque. Est-ce que vous aimez _____ banque?
7. Qu'est-ce que tu vas dire à _____ mère?
8., 9. & 10. '' _____ fils a perdu _____ carnet,'' dit _____ mère au caissier.

5. Au restaurant fast-food

I. Vocabulaire

A. Indicate the word that does not fit in the group.

1. oignon	tomate	hamburger	poivron
2. douane	café	cafétéria	restaurant fast-food
3. mère	fils	papa	moniteur
4. lait	vin	cigarettes	alcool

B. Complete the sentences using French terms that are now part of the English language.

1. Olivier et Sylvain se promènent sur
   le _____ ___ Saint-Michel.
2. Ils veulent déjeuner dans un _____ fast-food.
3. Dans une crêperie on mange des _____ _____ .
4. Les Français pensent que la _____ _ française
   est la meilleure.
5. On commence le repas par les ___ _____ , puis
   on prend le plat de résistance.
6. C'est agréable de s'asseoir à la terrasse
   d'un _____ pour regarder les gens passer.

II. Verbes

Complete the sentences using the appropriate form of the verb given in the model with the subjects indicated.

1. Qu'est-ce que vous voulez comme boisson?
   Qu'est-ce que tu _____ ?
   Qu'est-ce qu'elle _____ ?
   Qu'est-ce qu'ils _____ ?
   Qu'est-ce que nous _____ ?
2. Est-ce que tu sais où il y a un restaurant fast-food?
   Est-ce que vous _____ ?
   Est-ce qu'elle _____ ?
   Est-ce qu'ils _____ ?
   Est-ce que ta mère et toi, vous _____ ?
   Est-ce que je _____ ?

3. Est-ce qu'il y a un restaurant fast-food au coin de la rue?

Est-ce qu'(ne pas) _____ toujours des frites au menu de ce restaurant?

Est-ce qu' _____ un café dans votre ville?

Pourquoi est-ce qu' (ne pas) _____ de vin dans les MacDonald's aux Etats-Unis?

Où est-ce qu' _____ des restaurants fast-foods en France?

III. Structure

A. **Write** an appropriate question for each statement.

1. J'aime manger dans les restaurants fast-foods.
2. Je déjeune généralement à midi.
3. Je prends un sandwich avec une limonade.
4. Je préfère déjeuner avec des amis.
5. Les repas ne coûtent pas cher dans les fast-foods.
6. On peut manger très vite dans les fast-foods.
7. Je ne mange pas dans les restaurants chers parce qu'il faut donner un grand pourboire.
8. Les crêpes sont la spécialité de la Bretagne.

B. **Complete** each statement with the prepositions *à*, *de*, *dans*, *sur*, or *avec*, if they are needed.

1. Ils entrent _____ un restaurant fast-food.
2. Aimez-vous vous promener _____ le boulevard Saint-Michel.
3. Il y a un café _____ la Gare Saint-Lazare.
4. Les deux garçons se mettent _____ dévorer leur repas.
5. M. Rosier a du mal _____ manger le hamburger.
6. La prochaine fois on dira aux copains _____ venir avec nous.
7. J'ai fini _____ manger.
8. Elle déjeune _____ ses amies.
9. Il y a beaucoup de monde _____ midi dans ce restaurant.
10. Je paie la note avant de quitter _____ le restaurant.

6. Au restaurant

I. Vocabulaire

A. The words listed below are related to the theme of eating in a restaurant. After you have checked the meaning of these words, match them to the drawings.

a.	le menu	f.	l'addition	k.	le couteau
b.	le verre	g.	la table	l.	la cuillère
c.	l'assiette	h.	la chaise	m.	la petite cuillère
d.	le pourboire	i.	la nappe	n.	la tasse
e.	la serviette	j.	la fourchette	o.	le serveur

1.

2.

3. Addition
1.00
2.00
4.00
$/7.00

4.

5.

6.

7.

8.

9.

10.

11.

12.

13.

14. MENU

15.

B. Unscramble these words and then form a complete sentence with them.

1. s/e/s/i/a/r/f
2. r/p/u/o
3. e/u/n
4. i/m/o
5. e/t/r/t/a
6. x/a/u

La phrase complète est

_____ .

C. Indicate the word that does not fit in the group.

1. table	couteau	fourchette	cuillère
2. chaise	table	serveur	nappe
3. manger	boire	prendre	payer
4. café	eau	thé	tasse
5. pourboire	argent	assiette	addition

II. Verbes

A. Complete the sentences using the appropriate form of the verb given in the model with the subjects indicated.

1. La grand-mère prend une côte d'agneau.
   Qu'est-ce que vous _____ comme dessert?
   Qu'est-ce qu'il _____ pour le petit déjeuner?
   Qu'est-ce que tu _____ dans un restaurant fast-food?
   Qu'est-ce que ton père et ta mère _____ pour le dîner?
2. Au restaurant c'est le serveur qui sert.
   A la maison, qui est-ce qui _____ ?
   A la maison, est-ce que vous _____ ?
   A la maison, est-ce que les enfants _____ ?
   A la maison, est-ce que je _____ ?
3. Les adultes commandent avant les enfants.
   Est-ce que vous _____ avant vos parents?
   Est-ce que ta soeur _____ avant toi?
   Est-ce que tu _____ avant ton frère?
   Est-ce que tes parents _____ avant tes grands-parents?

B. Select the verb needed in each sentence. Then complete the sentence with the appropriate form of that verb.

commander   prendre   aller   servir

choisir   célébrer   donner

1. La famille Rosier _____ au restaurant.
2. Le serveur _____ le menu aux clients.
3. Les clients _____ des choses appétissantes.
4. Est-ce que vous _____ des escargots?
5. Le serveur _____ le repas.
6. Est-ce que les enfants _____ du vin?
7. Aimez-vous _____ votre anniversaire au restaurant?
8. Est-ce que vos parents vous laissent _____ votre repas?
0. Les parents _____ un pourboire au serveur.
10. Est-ce que vous _____ des cuisses de grenouille au restaurant?

III. Structure

A. Complete each statement with the appropriate preposition, if necessary.

1. Le menu est difficile _____ comprendre.
2. Je vais _____ prendre le canard à l'orange.
3. Aimez-vous aller _____ restaurant?
4. Le serveur donne l'addition _____ père.
5. Est-ce que vous commandez une tarte _____ fraises?

B. Form sentences using the words in the order given. You may have to add other necessary words or make some necessary changes.

Exemple: le petit frère/Sylvain/vouloir/escargots.
Le petit frère de Sylvain veut des escargots.

1. grand-mère/commander/côte/agneau.
2. serveur/donner/menu/mon/père.
3. le frère/Sylvain/être/fatigué/attendre.
4. il/vouloir/tarte/aux/fraises.
5. il/demander/cuisses/de/grenouille/attraper/poissons/pour.

7. La chambre de Pascal

A. Match the following antonyms.

A	B
1. de bonne heure	a. sale
2. avoir raison	b. ancien
3. propre	c. très tard
4. nouveau	d. désordre
5. ordre	e. avoir tort

B. Complete each statement with words based on the *dialogue*. Then transfer the words to the appropriate place in the *mots croisés*. Do not use accent marks in the puzzle.

Horizontal

1. Pascal pense que son petit frère va les _____ .
3. La mère de Pascal veut savoir pourquoi son fils nettoie sa chambre. Elle est _____ .
5. Pascal nettoie sa chambre avec un _____ .
7. Son père lui dit: ''Ne t'arrête _____ pas!''

Vertical

2. Catherine doit venir cet _____ -midi.
4. Pascal reconnaît que sa mère a _____ .
6. Pascal veut envoyer son petit frère _____ ses copains.
8. Pascal dit: ''Le _____ est exécrable.''
10. C'est samedi matin. Il est de bonne _____ .

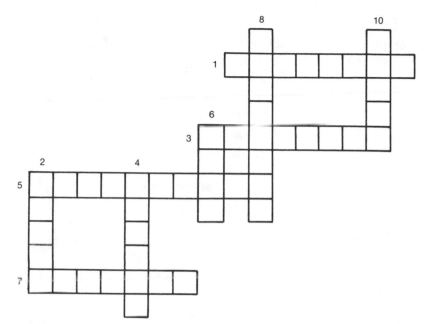

II. Verbes

Complete the sentences using the appropriate form of the verb given in the model with the subjects indicated.

    1. Pascal nettoie la chambre.

        Est-ce que vous _____ .

        Est-ce que sa mère _____ .

        Est-ce que tu _____ .

        Est-ce que ma mère et moi _____ .

    2. Il ne veut pas le déranger.

        Je _____ .

        Vous _____ .

        Son père et sa mère _____ .

        Toi et moi, nous _____ .

    3. Tu peux nettoyer toute la maison.

        Vous _____ .

        Pascal _____ .

        Les enfants _____ .

        Elle et moi _____ .

    4. Est-ce que tu sais bien faire le ménage?

        Est-ce que vous _____ ?

        Est-ce que Catherine _____ ?

        Est-ce que Catherine et moi, nous _____ ?

        Est-ce qu'ils _____ ?

III. Structure

A. Unscramble these words to form sentences. You may have to add other necessary words or make some necessary changes.

1. je/vouloir/aller/mes/copains
2. Pascal/nettoyer/chambre
3. je/ranger/livres/et/disques
4. est-ce que/tu/pouvoir/nettoyer/toute/maison
5. il/ne pas savoir/bien/faire/ménage

B. Complete the sentences with the appropriate possessive adjectives.

1. Ludovic va chez _____ copains.
2. Je vais réviser _____ examen d'anglais.
3. & 4. Tu vas ranger _____ disques et mettre _____ linge sale dans la machine à laver.
5. _____ parents sont fiers de lui.

C. Complete the sentences with the appropriate demonstrative adjectives.

1. Je veux connaître la raison de _____ nouvelle propreté.
2. Qu'est-ce que nous allons faire _____ après-midi.
3. Elle va faire _____ linge.
4. _____ livres sont pour mon cours d'anglais.
5. _____ désordre est exécrable!

96

8. Dehors

I. Vocabulaire

A. Match the following antonyms.

A		B	
1.	dehors*	a.	sans toi*
2.	sort	b.	sale
3.	avec toi*	c.	la dernière fois*
4.	propre*	d.	entre
5.	la prochaine fois*	e.	non merci!
6.	d'accord!	f.	dans la maison

B. Create an original sentence for each of the words or expressions that are starred in exercise A.

C. Match the word in column A with the appropriate group of verbs in column B.

A		B	
1.	clef	a.	voyager, visiter, connaître, voir
2.	repas à la maison	b.	ouvrir, fermer
3.	dehors	c.	nager, suer, être en bonne forme, jouer au tennis
4.	voyage	d.	manger, boire, payer, demander
5.	restaurant	e.	se promener, conduire, courir
6.	club sportif	f.	faire des courses, faire la cuisine, mettre la table, manger

II. Verbes

A. Complete each sentence with the appropriate form of the verbs following the model in each pattern.

1. & 2. Ils se précipitent vers la voiture pour aller se promener.

Tu _____ vers la voiture pour aller _____ .

Vous _____ vers la voiture pour
aller _____ .
Toi et moi, _____ vers la voiture pour
aller _____ .
Le petit garçon _____ vers la voiture pour
aller _____ .

3. Pourquoi est-ce que tu t'arrêtes?
Pourquoi est-ce que vous _____ ?
Pourquoi est-ce qu'elle _____ ?
Pourquoi est-ce que ton copain et
toi _____ ?
Pourquoi est-ce que les parents _____ ?

4. & 5. Ils se lavent et s'essuient les mains.
Nous _____ et _____ les mains.
Vous _____ et _____ les mains.
Les enfants (ne pas) _____ et (ne
pas) _____ les mains.
Est-ce que tu _____ et _____ les
mains?

B. Complete each statement with the appropriate form of the verb
jouer, sortir, prendre, or *laver.*

1. Est-ce que votre père _____ au tennis avec
vous?
2. Les élèves _____ de classe à 5 heures.
3. Quand vous sortez, est-ce que
vous _____ une clef avec vous?
4. Il faut _____ la voiture quand elle est sale.
5. Est-ce que votre mère _____ le train pour
aller aux courses?
6. Le père _____ la voiture du garage.
7. Les enfants aiment _____ avec la neige.
8. La famille _____ le petit déjeuner dans la
cuisine.
9. & 10. Je _____ de l'eau et du savon dehors
pour _____ mon vélo.

III. Structure

A. **Complete** each statement using a stress pronoun based on the sentences given.

Exemple: Je vais avec mon père.
Je vais avec lui.

1. Les enfants vont avec leur père.
   Les enfants vont avec _____ .
2. Je vais au parc avec ma mère.
   Je vais au parc avec _____ .
3. On vient avec Louise et Marie.
   On vient avec _____ .
4. Ils se précipitent vers leur père et leur mère.
   Ils se précipitent vers _____ .
5. Jean-François joue avec sa soeur.
   Jean-François joue avec _____ .
6. Le prof et nous, nous allons parler français.
   Le prof va parler français avec __ _____ .

B. **Complete** these statements with the appropriate form: *à, au, à la,* or *aux.*

1. Je veux partir _____ 3 heures de l'après-midi.
2. Sa mère va faire des courses _____ supermarché.
3. Il arrête la voiture _____ quelques mètres de la maison.
4. Le père dit _____ enfants de l'aider.
5. Les enfants disent "D'accord!" _____ leur père.
6. Est-ce que vous allez _____ bibliothèque ce week-end?
7. Nous voulons parler _____ directeur.

9. Dans la classe de sciences

I. Vocabulaire

A. Using the drawing, identify the parts of the body in French from the list given.

le pied
le cou
les cheveux
l'oeil, les yeux
la tête
la poitrine
l'estomac
le nez
l'oreille
la bouche
les doigts de pied
la main
le pied
les doigts
le visage

B. Complete the *mots croisés* by providing the French equivalent of the words given. Do not use accent marks in the puzzle.

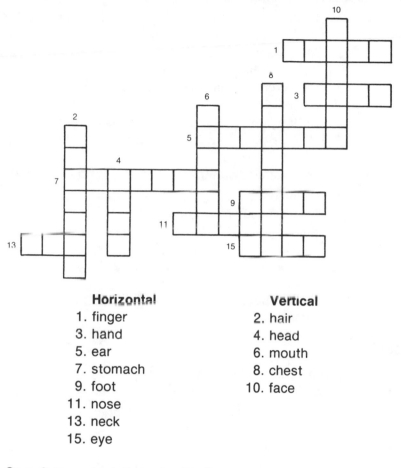

Horizontal	Vertical
1. finger	2. hair
3. hand	4. head
5. ear	6. mouth
7. stomach	8. chest
9. foot	10. face
11. nose	
13. neck	
15. eye	

C. Complete each statement with the appropriate part of the body.

1. Nous courons avec _____ .
2. Nous voyons avec _____ .
3. Nous parlons avec _____ .
4. Nous écrivons avec _____ .
5. Nous respirons avec _____ .
6. Nous entendons avec _____ .

II. Verbes

A. Complete each statement with the appropriate form of *dormir.*

1. Le lundi, le professeur n'est pas content parce que nous _____ en classe.
2. Mon grand-père _____ tous les après-midi dans son fauteuil.
3. Mon chat et mon chien _____ dans ma chambre.
4. Est-ce que tu _____ chez le dentiste?
5. Si vous ne _____ pas, prenez du lait.

B. Complete each statement with the appropriate form of *se sentir.*

1. Comment _____ -tu?
2. Mon grand-père (ne pas) _____ bien aujourd'hui.
3. Est-ce que vous _____ toujours bien?
4. Les élèves _____ malades avant leurs examens.
5. Qui (ne pas) _____ fatigué après un marathon?

III. Structure

Complete each sentence with the appropriate form of *faire* (with an infinitive) or *rendre* (with an adjective).

1. Les concerts de musique classique me _____ dormir.
2. Quand vous mangez au restaurant, est-ce que votre père vous _____ payer votre repas?
3. Les microbes _____ les gens malades.
4. Les films de science-fiction _____ rêver les adultes.
5. Les journaux _____ mes parents nerveux.
6. Le professeur nous _____ étudier les sciences.
7. Est-ce que vous _____ danser votre chien?
8. Nous _____ nos parents furieux quand nous leur désobéissons.
9. & 10. Je voudrais vous _____ arrêter de fumer parce que vous nous _____ tous malades.
11. Les examens _____ les élèves fous.

10. La fontaine de jouvence

I. Vocabulaire

A. Many words that end in *-ory* and *-ary* in English can be formed in French by changing these endings to *-oire* and *-aire* respectively. For example. *legendary-legendaire.* Change these words from English to French.

1. military
2. honorary
3. primary
4. ordinary
5. bestiary
6. secondary
7. documentary
8. sanitary
9. obligatory
10. laboratory
11. territory
12. secretary
13. extraordinary
14. observatory
15. centenary

B. Match these synonyms.

A	B
1. âgé	a. ne pas vieillir
2. obligatoire	b. argent
3. rester jeune	c. vieux
4. pièce de monnaie	d. je ne veux pas
5. je n'ai pas envie	e. toute ma vie
6. éternellement	f. nécessaire

C. Match these antonyms.

A	B
1. moi non plus	a. pauvre
2. jeune	b. toute
3. aucune	c. moi aussi
4. riche	d. ordinaire
5. légendaire	e. faire du bien
6. faire du mal	f. vieux

II. Verbes

A. Answer these questions in complete sentences in French. Use the verb(s) in each question to form your answer. The verbs from your answers will be used in the *mots croisés* in exercise B.

1. Xavier voudrait être plus vieux, et toi?
2. Est-ce que les gens croient aux fontaines fabuleuses?

103

3. Est-ce qu'il est plus difficile de conduire que de faire du vélo?
4. Est-ce que tu fais tes devoirs pendant les vacances?
5. Qu'est-ce que Xavier et François regardent?
6. Est-ce que votre père fume?
7. Votre rêve est-il de devenir riche ou de devenir célèbre?
8. Est-ce que tu prends le bus pour aller à l'école?
9. Est-ce que les deux garçons sont en Italie?

B. Write the verbs from your responses to the questions in exercise A in the following *mots croisés*. Do not use accent marks in the puzzle.

III. Structure

A. Complete these statements with the correct form of the adjective in parentheses.

1. C'est une _____ fontaine. (vieux)
2. La fontaine se trouve dans une petite ville _____ . (français)
3. Regarde _____ pièces. (ce)
4. Je n'ai _____ envie de passer mes vacances ici. (aucun)

5. Est-ce que c'est _____ que tu fumes? (vrai)
6. Est-ce que tu collectionnes les _____ pièces? (vieux)
7. Les histoires _____ me passionnent. (bizarre)
8. Les enfants veulent toujours faire les choses _____ . (interdit)
9. Je ne vais pas passer _____ ma vie dans ma ville natale. (tout).
10. & 11. Est-ce que _____ (tout) les gens qui jettent des pièces dans les fontaines veulent être _____ ? (riche)

B. **Complete** the sentences with the appropriate relative pronoun: *qui, que (qu'),* or *dont.*

1. Les gens _____ jettent des pièces dans les fontaines veulent devenir riches.
2. Les pièces _____ sont dans la fontaine y sont depuis longtemps.
3. La fontaine _____ tu vois est très vieille.
4. C'est une fontaine _____ les eaux sont magiques.
5. Xavier veut faire les choses interdites _____ il voit à la télé.
6. S'ils prennent les pièces _____ sont dans la fontaine, est-ce qu'ils seront punis?
7. Est-ce que les parents _____ les enfants prennent les pièces dans les fontaines sont responsables?

C. **Complete** the sentences by putting the verbs in parentheses in the appropriate form of the future tense.

1. & 2. Les gens qui jettent des pièces espèrent qu'ils (devenir) _____ riches, mais ils ne savent pas s'ils le (être) _____ toute leur vie.
3. Je pense que je (ne pas jeter) _____ de pièces dans la fontaine.
4. & 5. Quand vous (aller) _____ en France, est-ce que vous (chercher) _____ des fontaines de jouvence?

6. & 7. La prochaine fois que vous (vouloir) _____
de l'argent, (aller) _____ -vous le prendre
dans une fontaine?

8. & 9. Est-ce que vous (avoir) _____ envie de rester
jeune quand vous (être) _____ vieux.

10. & 11. Quand vous (savoir) _____ conduire,
(être) _____ -vous content?

11. A la maison

I. Vocabulaire

Complete these sentences using the following words. Make any changes in the words or sentences that are necessary.

maths   rater   mercredi   après-midi
en retard   médicaments   avoir mal à
se lever   étudier   patin à glace

1. Quand les élèves ont un examen, ils doivent _____ .
2. Quand je _____ aux dents, je vais chez le dentiste.
3. A quelle heure _____ -vous tous les matins?
4. Faites-vous du _____ en hiver?
5. Le docteur vous donne des _____ quand vous êtes malade.
6. Le professeur est furieux quand les élèves sont _____ .
7. Mon père me dit qu'il faut être bon en _____ pour réussir.
8. Il n'y a pas de classe le _____ en France.
9. Quand on dit *16 heures*, cela veut dire 4 heures de _____ .
10. Mes parents ne sont pas contents quand je _____ un examen.

II. Verbes

A. Complete these sentences following the example.

Exemple: Bertrand a mal à l'estomac.

1. Les enfants _____ ventre.
2. Est-ce que tu _____ dents?
3. Ma mère _____ tête.
4. Nous sommes fatigués, nous _____ pieds.
5. J' _____ gorge.

B. Unscramble these sentences. You may have to add other necessary words or make some necessary changes.

1. étudiants/avoir/examen/demain
2. je/se lever/tôt/matin
3. il/se/sentir/malade
4. médecin/lui/donne/médicaments
5. petit/soeur/Pierre/avoir/mal/dents
6. si/tu/être/malade/je/aller/appeler/médecin

C. Review of verbs. Complete the *mots croisés* with the forms of the verbs indicated. Do not use accent marks in the puzzle.

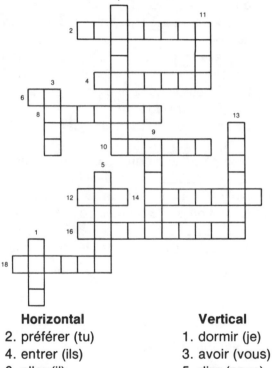

Horizontal
2. préférer (tu)
4. entrer (ils)
6. aller (il)
8. vouloir (nous)
10. savoir (elles)
12. dire (tu)
14. apporter (elle)
16. commencer (nous)
18. être (nous)

Vertical
1. dormir (je)
3. avoir (vous)
5. dire (nous)
7. demander (nous)
9. voyage (elle)
11. sortir (il)
13. acheter (tu)

III. Structure

A. Complete these statements with the appropriate word from the *dialogue*.

1. Quand ils font du patin avec leurs copains, ils _____ bien.
2. Le petit frère dit: " _____ avec moi!"

3. & 4. Pierre est _____ fatigué qu'il ne peut pas étudier et qu'il _____ sur son livre.

5. Son petit frère dit qu'il _____ partout.
6. Il ne peut pas _____ à l'école.
7. La mère dit à ses deux fils: " _____ , Pierre et Bertrand!"

8. & 9. Pierre se dit: "C'est moi _____ ai un examen et c'est _____ qui reste à la maison!"

10. Leur mère leur dit: "Vous allez être _____ pour l'école!"

B. Rearrange the sentences in exercise A to form a summary of the story.

12. Le gazon

A. Match these synonyms.

	A		B
1.	tondre	a.	souviens-toi
2.	gazon	b.	O.K.
3.	rappelle-toi	c.	la mère
4.	d'accord	d.	couper
5.	maman	e.	pelouse

B. Match these antonyms.

	A		B
1.	déjà	a.	âgé
2.	matin	b.	reposé
3.	fatigué	c.	pas encore
4.	jeune	d.	quelque chose
5.	mieux	e.	soir
6.	rien	f.	plus mal

C. Complete the sentences with the appropriate word: *quand, si, comme, que* or *pour.*

1. _____ j'ai faim, je peux dévorer toute une pizza.
2. Sa mère lui dit _____ il doit tondre le gazon.
3. Il n'est jamais trop fatigué _____ jouer au basket-ball.
4. Est-ce que vous allez tondre le gazon _____ votre mère vous donne de l'argent.
5. Faites votre travail _____ il faut.

II. Verbes

A. Complete each sentence with the appropriate form of the verb given in the model.

1. Emmanuel doit couper le gazon.
   Nous _____ .
   Est-ce que Pierre et Elizabeth _____ ?

110

Tu _____ .
Vous (ne pas) _____ .
2. Emmanuel, lève-toi!
Philippe et Xavier, _____ !
_____ -nous!
3. Je serai trop fatigué.
Philippe _____ .
Anne et Marie _____ .
Nous _____ .
Tu _____ .

B. Put each verb in the future tense.

1. Je ne suis pas chez moi.
2. Il coupe le gazon après le déjeuner.
3. Est-ce que ta mère te dit de tondre le gazon?
4. Est-ce que vous jouez au basket avec votre frère?
5. On se sent mieux après s'être reposé.
6. Je n'attends pas le week-end pour tondre le gazon.

III. Structure

A. Choose the appropriate expressions of time to complete the statements below: *le samedi matin, samedi matin, onze heures et quart, déjà, jamais, après.*

1. Je ne me lève pas à _____ .
2. J'ai _____ fait cet exercise.
3. Que ferez-vous _____ ?
4. J'aime rester au lit _____ .
5. Tu viendras _____ l'examen?
6. Ma soeur ne coupe _____ le gazon.

B. Complete the sentences with the appropriate subjects: *ma mère, je, vous, toi, tu,* or *on.*

1. Est-ce que _____ te lèves de bonne heure?
2. _____ n'est pas le président des Etats-Unis.
3. Quand _____ est jeune, on n'a pas de responsabilités.
4. Emmanuel et toi, _____ allez m'aider dans le jardin!
5. Lève- _____ !
6. _____ serai le premier de la classe.

C. Complete each sentence with the appropriate adverbial expression: *bien, mal, mieux, plus, moins, trop,* or *très.*

1. Il calcule _____ . Il reçoit de mauvaises notes en maths.
2. Assieds-toi, tu te sentiras _____ !
3. Pour _____ réussir, il faut travailler tous les jours.
4. Ma mère ne veut pas que je mange _____ vite.
5. J'aime les voitures _____ rapides.
6. Je ne comprends pas, parlez _____ lentement!
7. Regarde _____ la télé et tu ne seras plus fatigué.

13. Une soirée

Vocabulaire

A. Match these antonyms.

A	B
1. petite	a. ennemi
2. ami	b. tout le monde
3. personne	c. grande
4. adorer	d. rien
5. quelque chose	e. travailler
6. s'amuser	f. détester

B. Complete these sentences with a word from exercise A.

1. Le chat est l' _____ de la souris.
2. Je n'aime pas les soirées où il n'y a _____ d'agréable.

3. & 4. Pour éviter de _____ , il cherche toujours _____ d'autre à faire.

5. Je préfère une _____ soirée où il y a peu de monde.
6. En classe d'anglais _____ doit parler anglais.

C. Complete these statements and write the words in the *mots croisés.* Do not use accent marks in the puzzle.

1. Mettez-vous du lait ou de la _____ dans votre café?
2. Préférez-vous les tartes aux fruits ou les _____ à la crème?
3. Charlie ne connaît que _____ expressions anglaises, *Good morning* et *Good-bye.*
4. Le contraire de *malheureusement* est _____ .
5. Avec son chapeau poilu, Charlie va _____ tout le monde.
6. Préférez-vous être _____ ou être avec beaucoup de monde?
7. En Angleterre, on boit beaucoup de _____ .
8. Quand j'aime manger quelque chose, je dis que c'est _____ .

9. Est-ce que votre montre _____ bien?
10. Aimez-vous _____ de petites soirées?

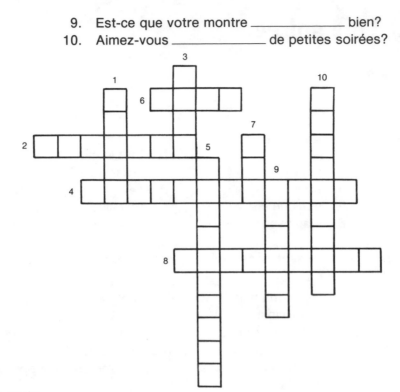

II. Verbes

A. Complete each sentence with the appropriate verb.

embêtez	connaissez	sais	vas
adore	sommes	veut	peux

1. Nous _____ trois dans notre famille.
2. Moi, j' _____ les gâteaux à la crème.
3. Est-ce que tu _____ à la soirée d'Isabelle?
4. Le professeur ne _____ pas qu'on parle anglais en classe de français.
5. Tu _____ que je n'aime pas ton frère.
6. Est-ce que vous _____ mon amie Sylvie?
7. Vous êtes une vraie peste, vous _____ tout le monde.
8. Puisque tu es gentil, tu _____ avoir un gâteau.

B. Complete these statements with the appropriate form of the verb given in the model. The tense used here is the *passé composé*.

    1. Isabelle et Sylvie ont organisé une petite soirée.

        Est-ce que vous _____ ?

        Est-ce que tu _____ ?

        Est-ce que nous _____ ?

        Est-ce qu'Il _____ ?

    2. Tu as choisi du thé.

        J' _____ .

        Nous _____ .

        Elles _____ .

        Nous _____ .

III. Structure

A. Put the sentences in the negative form using: *Ne . . . personne, ne . . . rien, ne . . . jamais, ne . . . pas,* or *non plus.*

    1. Je connais tout le monde ici.

    2. J'ai quelque chose à te dire.

    3. Elle veut toujours l'aider.

    4. Nous savons parler anglais.

    5. Lui aussi, il part tôt le matin.

    6. Quelqu'un veut venir chez toi.

    7. Il y a quelque chose de surprenant.

B. Complete the sentences with the appropriate relative pronoun: *qui* or *que.*

    1. Regarde les bonnets _____ sont dans ce magasin!

    2. Aimes-tu les chapeaux _____ portent les gardes du palais?

    3. Ce sont les gardes _____ portent des chapeaux comme ça.

    4. Est-ce que les gâteaux _____ tu manges sont bons?

    5. Non, je préfère ceux _____ ont beaucoup de crème.

    6. C'est moi _____ organise toutes les soireés.

C. Add the expression *ne . . . que* to the following statements.

    1.   J'ai une amie, Brigitte.

    2.   Il connaît deux mots d'anglais.

    3.   Nous prenons du thé.

    4.   Elle aime les gâteaux à la crème.

    5.   Les étudiants veulent s'amuser.

14. Chez le bijoutier

I. Vocabulaire

A. Give the name of the shops that correspond to the given profession.

Exemple: le fruitier—la fruiterie

1. le bijoutier
2. le pharmacien
3. le pâtissier
4. le cordonnier
5. le boucher
6. le quincaillier
7. le boulanger
8. le mercier

B. Match the holiday in column A with the appropriate date in column B.

A	B
1. Noël	a. le deuxième dimanche de mai
2. la Saint Valentin aux Etats-Unis	b. le premier janvier
3. le Jour de l'Indépendance des Etats-Unis	c. le quatorze février
	d. le vingt-cinq décembre
4. le Nouvel An	e. le premier avril
5. la fête des Mères aux Etats-Unis	f. le quatre juillet
6. la date de votre anniversaire	g. le _____
7. la date du Poisson d'avril	

C. Express these dates orally.

1. November 30
2. March 16
3. June 5
4. September 10
5. August 1
6. May 28

II. Verbes

A. Complete these statements with the appropriate form of the verb given in the model.

1. Tu connais bien le français.
   Est-ce qu'il _____ ?
   Est-ce qu nous _____ ?
   Est-ce que je _____ ?
   Est-ce que tes parents _____ ?
2. J'aime cela. Cela me plaît.
   Elle aime cela. Cela _____ .
   Tu aimes cela. Cela _____ .
   Elles aiment cela. Cela _____ .
   Vous aimez cela. Cela _____ .
3. Je sais que Pierre a raison.
   _____ -elle que Pierre a raison?
   _____ -nous que Pierre a raison?
   _____ -vous que Pierre a raison?
   _____ -ils que Pierre a raison?

B. Complete these statements with the appropriate form of the verb given in parentheses.

1. (croire) Tu _____ que maman va l'aimer?
2. (faire) _____ -nous un petit cadeau, s'il vous plaît!
3. (vouloir) Je _____ une montre de plongée pour mon anniversaire.
4. (être) Pourquoi _____ -vous dans une bijouterie?
5. (chercher) Qu'est-ce qu'ils _____ dans les tiroirs?
6. (avoir) Elle _____ deux oreilles, non?
7. (voir) Tu _____ ces pendentifs dans la vitrine?

III. Structure

A. Give the plural form of the singular nouns and adjectives (masculine plural form for adjectives).

1. émail
2. bijou
3. cadeau
4. beau
5. bon marché
6. cher

B. Complete the statements with the appropriate preposition (*à* or *chez*) following the verb *aller.*

1. Marc et Hélène vont _____ la bijouterie.
2. Est-ce que vous aimez aller _____ le pâtissier acheter des gâteaux?
3. Je ne vais jamais _____ la pharmacie parce que je n'aime pas l'odeur.
4. Ma soeur refuse d'aller _____ le boucher parce qu'elle est végétarienne.
5. Pierre, va me chercher des clous _____ le quincaillier!

C. Match the nouns in column A with the appropriate adjective in column B. Respecting the correct French word order, write the completed sentence in the blanks below.

	A	B
1. Nous avons	boucles d'oreille	a. violettes
2. Hélène aime	les boucles d'oreille	b. de belles
3. Regardez	ces émaux	c. jeunes
4. Elle va acheter	une boucle d'oreille	d. de très joli
5. Je voudrais	quelque chose	e. seule
6. Ces bijoux plaisent surtout aux	femmes	f. très beaux

1. _____
2. _____
3. _____
4. _____
5. _____
6. _____

15. Au supermarché

I. Vocabulaire

A. Match the items in column A with the shops where they are sold in column B.

A	B
1. pain	a. boucherie
2. viande	b. fleuriste
3. poisson	c. charcuterie
4. fruits	d. pharmacie
5. charcuterie	e. boulangerie
6. fleurs	f. poissonnerie
7. médicaments	g. fruiterie

B. Complete the statements with the correct names of places.

1. On achète des chèques de voyage à la _____ .
2. J'achète des journaux et des cigarettes dans un _____ .
3. Je mange un bifteck et des frites au _____ .
4. Jean-Charles achète un fond de pizza congelé et une bouteille de Coca-Cola au _____ .
5. Quand je suis malade, je vais chez le _____ .
6. Quand je pars en vacances, je prends l'avion à l' _____ .
7. Aux Etats-Unis il faut aller à la _____ pour acheter des timbres.
8. Les secrétaires travaillent dans un _____ .

C. Complete each sentence with the appropriate expression.

faire les courses   faire une surprise
faire la cuisine   faire chaud   faire une promenade
faire du ski   faire la vaisselle

1. Tu _____ le samedi matin au supermarché, n'est-ce pas?
2. Quand il _____ , je vais à la plage.
3. J'aime _____ en hiver.

4. Ma grand-mère et mon grand-père _____ dans le parc l'après-midi.

5. Les hommes refusent souvent de _____ après le dîner.

6. Nous préférons aller au restaurant plutôt que de _____ chez nous.

7 Chaque année, pour l'anniversaire de ma mère, nous lui _____ ! Nous lui apportons le petit déjeuner au lit.

II. Verbes

A. **Complete** these statements with the appropriate form of the verb given in the model.

1. J'ai besoin d'un fond de pizza.

_____ -tu _____ ?

Nous _____ .

Est-ce qu'elle _____ ?

Pierre et Martine _____ .

2. Il met toutes les provisions dans un chariot.

Nous _____ .

Louise et Marie _____ .

Est-ce que tu _____ ?

Je (ne pas) _____ .

3. Il y a du lait dans le réfrigérateur.

_____ des tomates dans une pizza.

Est-ce qu' _____ du sel sur la table?

_____ beaucoup de choses ici?

_____ un supermarché dans votre ville?

B. **Unscramble** these sentences. You may have to change or add words.

1. je/aller/faire/pizza/soir
2. elle/ne pas aimer/aller/supermarché
3. nous/aller/souvent/restaurant
4. qu'est-ce qui/ne pas aller/?
5. si/tu/aller/Québec/aller/y/été/au/!

III. Structure

A. Complete these statements with the definite article or partitive article, as required.

1. J'aime _____ pommes. Je mange _____ pommes tous les jours.
2. Je ne veux pas _____ café. Je n'aime pas _____ café.
3. Est-ce que vous mettez _____ sauce tomate sur la pizza? Non, je n'aime pas _____ sauce tomate.
4. J'achète _____ oeufs au supermarché. Mais _____ oeufs des fermiers sont meilleurs.

B. Complete with the appropriate possessive adjective, according to the subject of the sentence.

Exemple: J'ai perdu tout *mon* argent dans le bus.

1. Nous rendons visite à _____ grand-mère le dimanche.
2. Elle aime venir chez _____ enfants l'été.
3. Vous avez un frère. _____ frère est-il plus vieux que vous?
4. Mon copain ne fait jamais _____ devoirs.
5. Est-ce que tu vas faire les courses avec _____ parents?

C. Complete these statements with the appropriate direct object pronoun.

1. Elle achète ses oeufs chez les fermiers. Elle _____ achète chez le fermier.
2. Nous n'aimons pas la pizza. Nous ne _____ aimons pas.
3. Veux-tu acheter mon vélo? Veux-tu _____ acheter?
4. Elle va chercher ses légumes dans son jardin. Elle va _____ chercher dans son jardin.
5. Il achète deux bouteilles de Coca-Cola. Il _____ achète pour sa famille.
6. Faites-vous la vaisselle? _____ faites-vous?

16. A la teinturerie-blanchisserie

I. Vocabulaire

A. Match these antonyms.

A		B	
1.	perdre	a.	parfait
2.	nettoyer	b.	lentement
3.	vite	c.	salir
4.	affreux	d.	joli
5.	catastrophique	e.	trouver

B. Identify the articles of clothing shown in the drawings on pages 123 and 124 from the words given.

1.	la chemise	6.	le chemisier	11.	le pantalon
2.	les chaussures	7.	les gants	12.	le mouchoir
3.	les chaussettes	8.	le blouson	13.	la jupe
4.	la casquette	9.	le veston	14.	le manteau
5.	la cravate	10.	la robe	15.	le gilet

a.

b.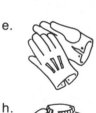

c.

d.

e.

f.

g.

h.

i.

j.

k.

l.

m.　　　　n.　　　　o.

C. Complete these statements with the appropriate word.

1. & 2. Les hommes ne portent pas de ＿＿＿＿＿＿ mais les femmes portent parfois un ＿＿＿＿＿＿ .

3. Quand il fait froid, je mets des ＿＿＿＿＿＿ .

4. Les hommes mettent parfois une ＿＿＿＿＿＿ sur leur tête.

5. Au bureau, votre père porte une chemise et une ＿＿＿＿＿＿ .

6., 7. & 8. Ma mère n'aime pas les pantalons. Elle préfère porter une ＿＿＿＿＿＿ ou une ＿＿＿＿＿＿ avec un ＿＿＿＿＿＿ .

9. Avant de mettre mes chaussures, je mets des ＿＿＿＿＿＿ .

10. Un costume d'homme se compose d'un pantalon, d'un gilet et d'un ＿＿＿＿＿＿ .

II. Verbes

A. Complete the sentences with the correct form of the following verbal expressions.

> faire nettoyer　　faire laver　　faire réparer
> faire teindre　　faire couper

1. Tes cheveux sont trop longs. Tu dois te les ＿＿＿＿＿＿ .

2. Je n'aime pas faire la lessive. Je ＿＿＿＿＿＿ tout mon linge.

3. Il a eu un accident. Il va ＿＿＿＿＿＿ sa voiture.

4. On ne peut pas laver un costume. Il faut le ＿＿＿＿＿＿ .

5. Je n'aime pas la couleur de cette jupe. Je vais la ＿＿＿＿＿＿ .

B. Complete the statements with the appropriate form of the verb given in the model sentence.

    1. Est-ce que vous reprendrez votre linge demain?

        Est-ce que tu _____ ton linge demain?

        Est-ce que je _____ mon linge demain?

        Est-ce que nous _____ notre linge demain?

        Est-ce qu'elles _____ leur linge demain?

    2. Tu n'iras pas au mariage.

        Vous _____ .

        Elle _____ .

        Nous _____ .

        Ils _____ .

    3. Elle s'arrête à la teinturerie.

        Est-ce que vous _____ ?

        Est-ce que Mme Simon et son fils _____ ?

        Est-ce que tu _____ ?

        Est-ce que je _____ ?

III. Structure

A. Unscramble these sentences. You may have to make some changes and add some words.

    1. venir/je/linge/reprendre

    2. teinturier/trouver/ne pas pouvoir/chemises/le/mes

    3. prêt/ce/être/quand/?

    4. après-midi/samedi/elle/teinturerie/aller

    5. payer/francs/cent/elle/refuse/de

B. Complete these sentences following the model.

Modèle: Je vais faire nettoyer ce costume.
        Je vais le faire nettoyer.

    1. La blanchisseuse cherche ma robe.

    2. Je viens chercher mon linge.

    3. Elle ne trouve pas la robe de la cliente.

    4. Ce garçon n'aime pas la robe de sa mère.

    5. Est-ce que tu viens reprendre tes six chemises?

    6. Est-ce que vous aimez votre teinturerie-blanchisserie?

    7. Mettez-vous des gants en hiver?

8. Ils comparent les prix avant d'acheter.
9. Vous avez trois fils.
10. Vous ne portez pas de cravate à l'école.

C. Read this paragraph and then select the appropriate word from those given to complete each statement.

aller   veux   couleur   beaucoup de

rien   mari   pouvons   robe

noires   préfère   mariage

Ce samedi soir, Madame Simon rentre chez elle et dit à son _____1_____ : "Nous ne _____2_____ pas aller au mariage, ma robe est perdue et je n'ai _____3_____ à me mettre." Le mari ouvre les armoires et dit: "Mais regarde, tu as _____4_____ vêtements! Tu peux mettre cette _____5_____ bleue avec ces chaussures _____6_____ ou bien celle-ci. La _____7_____ mauve te va très bien et c'est la robe que je _____8_____ . Je ne _____9_____ pas faire de peine à ma soeur. C'est le _____10_____ de son fils. Je tiens à y _____11_____ ."

17. A l'église

I. Vocabulaire

A. Identify the family relationships in the dialogue. Choose your answers from the list below.

femme   copain   belle-soeur   fils
fiancée   frère   belle-mère
mari   nièce   belle-fille   soeur

1. Pierre est le _____ de Mme Lepic.
2. Mme Lepic est la _____ de M. Simon.
3. Mme Simon est la _____ de Mme Lepic.
4. Jean-Claude est le _____ de Pierre.
5. Marie est la _____ de Pierre.
6. & 7. Après le mariage, elle sera la _____ de Pierre et il sera son _____ .
8. & 9. Mme Lepic sera la _____ de Marie et Marie sera sa _____ .
10. Marie sera la _____ de M. Simon.

B. Introduce your family. Make up your own sentences based on the following vocabulary.

père   mère   soeur   frère
grands-parents   fils   fille
cousins   cousines   oncle   tante
être marié(e)   avec   s'appeler
avoir   mon   ma   mes

1. _____
2. _____
3. _____
4. _____
5. _____
6. _____
7. _____
8. _____
9. _____
10. _____

C. **Complete** each statement with words from this chapter. Then transfer the words to the appropriate place in the *mots croisés.* Do not use accent marks in the puzzle.

Horizontal

1. Pouvez-vous ＿＿＿＿＿＿＿ tous les membres de votre famille?
3. Mes parents ont une fille. C'est ma ＿＿＿＿＿＿＿ .
5. Etes-vous déjà allé(e) à un ＿＿＿＿＿＿＿ ?
7. Votre père est le ＿＿＿＿＿＿＿ de vos grands-parents.
9. Est-ce que votre ＿＿＿＿＿＿＿ est grande?
11. Vos parents vont-ils vous ＿＿＿＿＿＿＿ de sortir tard?
13. C'est le meilleur ami qui ＿＿＿＿＿＿＿ les invités.
15. La teinturière a ＿＿＿＿＿＿＿ la robe de Mme Simon.
17. Aimez-vous être ＿＿＿＿＿＿＿ à un mariage?

Vertical

2. Le mari porte un ＿＿＿＿＿＿＿ gris.
4. L' ＿＿＿＿＿＿＿ prochaine mon frère va se marier.
6. Ma mère est la ＿＿＿＿＿＿＿ de mes grands-parents.
8. Les cloches de l' ＿＿＿＿＿＿＿ sonnent pour les mariages.
10. Il ne faut pas être en ＿＿＿＿＿＿＿ pour son mariage.
12. L' ＿＿＿＿＿＿＿ de mon père est ma mère.
14. Mes parents ont trois ＿＿＿＿＿＿＿ .
16. Pierre a invité son ＿＿＿＿＿＿＿ Jean-Claude à son mariage.
18. ＿＿＿＿＿＿＿ est le synonyme d'*épouse.*
19. C'est son ＿＿＿＿＿＿＿ copain qui accueille les invités.

128

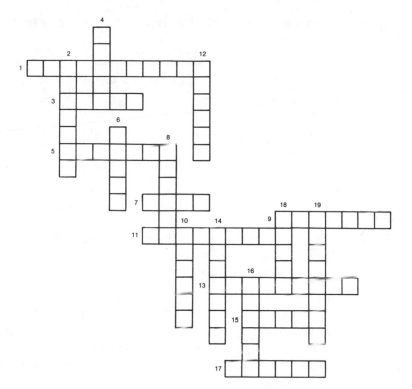

II. Verbes

A. Complete each sentence following the model sentence.

1. Pierre se marie.

   Tu _____ .

   Nous _____ .

   Je _____ .

   Patrick et Jacqueline _____ .

2. Le marié manque.

   Tu _____ la classe.

   Dix francs _____ .

   Nous _____ le train.

   Je ne veux pas _____ son mariage.

3. Ils s'asseoient près de Mme Lepic.

   Je _____ .

   Elle _____ .

   Nous _____ .

   Tu _____ .

B. Complete these statements with the appropriate form of *savoir,*
connaître, or *reconnaître.*

1. _____ -vous où est le marié?
2. C'est difficile de _____ les gens à un
carnaval.
3. Bonjour Pierre, _____ -vous ma soeur Aline?
4. Ils ne _____ pas que le marié n'a pas de
costume.
5. Je ne peux pas inviter tous les gens que
je _____ .

III. Structure

A. Indicate that the story took place in the past. Use the appropriate
form of the *passé composé* for the verbs in italics.

Dimanche, je *vais* au mariage de mon neveu. A deux
heures je *décide* de m'habiller. J'*ouvre* mon armoire et je
prends ma robe noire. Je *mets* la robe sur mon lit et je
cherche mes chaussures noires. Je *m'habille* vite pour ne
pas être en retard. Je *sors* de la maison et je *vais* à
l'église en voiture. Quand je *m'assieds,* je *remarque* un
trou à mon bas.

B. Complete these sentences following the model.

Modèle: Je ne sais pas *ce que* nous allons faire ou *ce qui* va
arriver.

1. Sais-tu _____ est arrivé au marié?
2. Il ne sait pas _____ il dit.
3. _____ vous voulez est impossible.
4. Je vais te montrer _____ il m'a donné.
5. _____ me fait peur c'est la guerre.

18. Dans un grand magasin

I. Vocabulaire

A. Match the words with the drawings.

1. les ballons
2. le cadeau
3. les bougies
4. les fourchettes
5. les décorations

6. les verres
7. les petites cuillères
8. le gâteau
9. les rafraîchissements
10. les invitations

a.
b.
c.
d.

e.
f.
g.

h.
i.
j.

B. Complete these statements with the appropriate words from those given.

cartes   grand magasin   québécois   argent
cadeaux   dépenser   ici   rencontre

1. Tiens, Richard! qu'est-ce que tu fais _____ ?
2. La Baie est le nom d'un _____ .
3. Mes amis m'envoient beaucoup
   de _____ pour mon anniversaire.
4. Je vais _____ dix dollars pour le cadeau de
   mon frère.

5. Les invités apportent des _____ à la surprise-partie.

6. Il _____ sa petite amie tous les jours pour le déjeuner.

7. Est-ce que tu préfères recevoir de l' _____ ou des cadeaux pour ton anniversaire?

II. Verbes

A. Indicate the singular command of these verbs.

Exemple: parler—*parle!*

1. acheter
2. montrer
3. perdre
4. aller
5. tenir
6. boire
7. manger
8. répondre
9. croire
10. étudier

11. dépenser
12. ne pas gaspiller
13. attendre
14. ouvrir
15. suivre
16. écrire
17. regarder
18. ne pas vendre
19. dire
20. envoyer

B. Follow the model.

Modèle: Tu vas acheter une carte—*Achète la carte!*
Vous allez acheter une carte—*Achetez la carte!*

1. Tu vas acheter un cadeau.
2. Tu vas aller au grand magasin.
3. Vous allez manger tout le gâteau.
4. Tu ne vas pas boire tout le champagne.
5. Tu ne vas pas vendre ton auto.
6. Tu vas ouvrir les cadeaux.
7. Vous allez inviter des amis.
8. Tu ne vas pas dire à Richard qu'il y a une surprise-partie.
9. Tu ne vas pas perdre l'argent que tes parents t'ont donné.
10. Vous allez écrire des cartes d'anniversaire.

C. Using the sentences in Exercise B, follow the model.

Modèle: Achète la carte!
Achète-la!

1. _____
2. _____
3. _____
4. _____
5. _____
6. _____
7. _____
8. _____
9. _____
10. _____

III. Structure

A. Complete each statement with the definite, indefinite, or partitive article, if it is required.

1. _____ français est une langue difficile.
2. _____ copine de Pascal s'appelle Sylvie.
3. Pascal veut être _____ médecin.
4. Bonjour, _____ M. Simon.
5. J'écris _____ carte d'anniversaire.
6. Nous n'allons pas à l'école _____ dimanche.
7. Je voudrais _____ cadeau d'anniversaire pour ma mère.
8. & 9. Mon frère aime _____ mathématiques, mais moi je préfère _____ littérature.
10. Je n'ai pas _____ voiture.
11. Mme Robichon est _____ chimiste.
12. J'ai _____ amis en Angleterre.
13. Avez-vous _____ gâteaux à la crème?
14. Nous n'avons pas _____ gâteaux à la crème.
15. Pascal est _____ québécois.

B. **Complete** each statement with the appropriate form of the verb following the model.

Modèle: Si j'étais toi, je ne gaspillerais pas mon temps.

1. Si j'étais toi, je (ne pas perdre) _____ mon temps.
2. Si j'étais le professeur, je (punir) _____ les élèves qui ne travaillent pas.
3. J' (acheter) _____ un bateau si j'étais riche.
4. Je (parler) _____ français, si j'habitais au Québec.
5. Si j'étais bon en athlétisme, je (finir) _____ le premier.

C. **Write** an invitation in French to a friend inviting him or her to a party. Use these words and expressions as a guide.

1. samedi
2. à cinq heures de l'après-midi
3. rue _____
4. chez _____
5. l'anniversaire
6. fêter
7. inviter
8. aura lieu

19. Un dîner d'affaires

I. Vocabulaire

A. Match the cardinal numbers in column A with their ordinal numbers in column B.

A	B
1. neuf	a. deuxième
2. six	b. huitième
3. cinq	c. premier
4. un	d. neuvième
5. dix	e. quatrième
6. huit	f. troisième
7. quatre	g. cinquième
8. trois	h. septième
9. deux	i. sixième
10. sept	j. dixième

B. Word Group. Find a word in the story that is related either as a synonym or antonym to the words below. Give the meaning of both words.

1. le repas
2. le commerce
3. l'époux
4. l'air sale
5. la ville
6. le maquillage
7. garder la ligne
8. le morceau de gâteau

II. Verbes

Complete each sentence using the verb and the tense indicated in parentheses.

1. Laurence (se croire, *future*) _____ élégante.
2. Dominique (demander, *passé composé*) _____ à Laurence de l'accompagner.
3. Laurence (trouver, *passé composé*) _____ les clients stupides.
4. (venir, *futur*) _____ -vous à Paris cet été?
5. La pollution me (rendre, *présent*) _____ fou.
6. Ce (être, *conditionnel*) _____ grossier de sa part.

135

7. Est-ce que vous (vouloir, *conditionnel*)
_____ du gâteau?

8. Je le (dire, *futur*) _____ au garçon.

9. Nous l' (croire, *passé composé*) _____ .

10. Tu (s'excuser, *futur*) _____ .

III. Structure

A. **Complete** each sentence using the appropriate indirect or direct object pronoun corresponding to the word in parentheses.

Exemple: (Pierre) Je _____ parle. Je lui parle.

1. (clients) Dominique _____ invite.
2. (Laurence) Dominique _____ demande de l'accompagner.
3. (moi) Elle _____ trouve grossière.
4. (vous) Le garçon _____ apporte la part de gâteau.
5. (du gâteau) Tu _____ veux?
6. (le gâteau) Je _____ ai déjà mangé.

7. & 8. (les célébrités) Elle aime _____ rencontrer et _____ parler.

9. (la femme) La pollution _____ rend folle.
10. (toi) Il va _____ inviter à dîner.
11. (une autre part de gâteau) Dominique _____ commande une autre.
12. (elle) Les clients ne _____ parlent pas.
13. (elle) Ils _____ trouvent désagréable.
14. (nous) Vous _____ dites de venir à deux heures.
15. (la capitale) Voudriez-vous _____ visiter.

B. Form a question by matching the interrogative word in column A with the appropriate segment in column B.

A	B
1. Où	a. heure rentrez-vous chez vous?
2. Qu'est-ce que	
3. Comment	b. de temps resterez-vous?
4. Combien	c. c'est?
5. Quel	d. allez-vous?
6. Quand	e. ont-ils invité à dîner?
7. Qui	f. vin préférez-vous?
8. A quelle	g. viendrez-vous nous voir à Paris?
	h. se trouve Paris?

20. La salle de séjour

I. Vocabulaire

A. Match the rooms in column B with the activities described in column A.

A	B
1. On dort dans	a. la cuisine.
2. On se détend dans	b. la chambre.
3. On se lave dans	c. la salle à manger.
4. On mange dans	d. la salle de bains.
5. On prépare les repas dans	e. le living.

B. Match the rooms in column A with the furniture or appliances in column B. There is more than one piece of furniture per room.

A

1. Dans la chambre, il y a	4. Dans la cuisine, il y a
2. Dans le living, il y a	5. Dans la salle de bains, il y a
3. Dans la salle à manger, il y a	

B

a. un sofa.	j. un lit.
b. des chaises.	k. une armoire.
c. une baignoire.	l. un buffet.
d. un réfrigérateur.	m. un téléviseur.
e. une table.	n. des fauteuils.
f. une cuisinière.	o. des placards.
g. une douche.	p. des ustensiles de cuisine.
h. un lavabo.	
i. un rocking-chair.	

II. Verbes

A. Complete these sentences with the appropriate form of the verb given in the models.

1. On pourrait arranger les meubles comme ça.

_____ -vous arranger les meubles comme ça?

Est-ce que le décorateur _____ ?

Nous _____ .

Elles _____ .

2. Tu oublies que Bruxelles n'est pas la Californie.

Je (ne pas) _____ .

_____ -vous que Bruxelles n'est pas la Californie?

Elles _____ .

Nous (ne pas) _____ .

B. Complete the following statements with the appropriate conditional form of each verb.

Si nous faisions ces travaux, . . .

1. cela (agrandir) _____ la pièce.
2. j' (abattre) _____ les murs de la chambre.
3. tu (pouvoir) _____ inviter tous tes copains.
4. nous (avoir) _____ plus de place.
5. la pièce (être) _____ plus claire.
6. nous (enlever) _____ les meubles de ta grand mère.
7. on (acheter) _____ de nouveaux meubles.
8. tu (oublier) _____ que tu es dans la banlieue.
9. tes amis (venir) _____ plus souvent.
10. on (sortir) _____ moins souvent.

III. Structure

A. Replace the direct or indirect object in the following sentences with the appropriate pronoun.

1. Marie regarde le magazine de décoration.
2. Les maisons californiennes charment Marie.
3. Marie dit à Pierre: "Regarde!"
4. Pierre ne veut pas parler à Marie.
5. Il veut regarder la télévision.
6. Marie achèterait des meubles aux Puces.
7. Elle voudrait abattre les murs.
8. L'actrice américaine ne demande pas à son petit ami de faire les travaux.
9. Pierre ne veut pas changer ses habitudes.
10. Il faudrait beaucoup d'argent.

B. Read this paragraph and select the appropriate word from those given below to complete each statement.

Si je le pouvais, je n'habiterais pas dans une _____1_____ mais sur un _____2_____ . Je _____3_____ sur les océans et les mers et je verrais des _____4_____ intéressants. Je pourrais dormir dans mon _____5_____ et écouter la _____6_____ que j'aime. Mes _____7_____ ne m'ennuieraient pas. J'achèterais mes _____8_____ dans les petits ports et je ferais ma propre _____9_____ .

pays	maison	voyagerais	musique
cuisine	provisions	lit	voisins	bateau

21. Le réfrigérateur

I. Vocabulaire

A. Match these antonyms. Then complete the sentence that follows the exercise with the words you form from the letters in boxes in column B.

A	B
1. ouvrir	a. all e r
2. trouver	b. rie n
3. chercher	c. a v ant
4. toujours	d. h i er
5. venir	e. f e rmer
6. quelque chose	f. per d re
7. après	g. trouv e r
8. aujourd'hui	h. c ommencer
9. finir	i. jam a is

Mais je n'ai pas _____ !

B. Indicate the word that does not belong in the group.

1. fromage	concombre	crème	lait
2. laitue	tomate	oeufs	radis
3. café	orange	pomme	cerise
4. boucherie	boulangerie	coiffeur	supermarché
5. cuisine	chaise	salle à manger	chambre

II. Verbes

A. Change the following statements to the *passé composé.*

1. La mère de Frédéric va au supermarché.
2. Elle fait les courses samedi.
3. Elle achète des fruits et des légumes.
4. Elle trouve la viande trop chère.
5. Elle rentre à la maison chargée de provisions.
6. Frédéric a faim.
7. Il ouvre le réfrigérateur.
8. Il met le nez dans le réfrigérateur.
9. Il ne trouve rien de bon.
10. Il sort de la cuisine.

B. Complete the sentences with the appropriate infinitive according to the cue. Follow the model.

Modèle: (la bibliothèque)   Il n'y a rien à lire.

1. (le réfrigérateur)   Il n'y a rien à _____ .
2. (la douane)   Il n'y a rien à _____ .
3. (le magasin de vêtements)   Il n'y a rien à _____ .
4. (un devoir parfait)   Il n'y a rien à _____ .
5. (un bureau bien organisé)   Il n'y a rien à _____ .
6. (une maison très propre)   Il n'y a rien à _____ .
7. (une explication très claire)   Il n'y a rien à _____ .
8. (une conversation termineé)   Il n'y a rien à _____ .

III. Structure

A. Change each sentence from the positive to the negative.

Exemple: Je vais manger quelque chose.
Je ne vais rien manger.

1. Je vais appeler quelqu'un.
2. Tu vas acheter des livres.
3. Elle va faire quelque chose.
4. Ils vont toujours à Montréal.
5. Quelqu'un a frappé à la porte.
6. Nous irons tous les jours au supermarché.
7. Tu as encore des devoirs à faire.

B. Read this passage. Then select the words needed to complete the sentences from those given below.

Frédéric avait toujours _____1_____ . Avant
il _____2_____ toujours la porte du réfrigérateur et
il _____3_____ qu'il n'y avait _____4_____ à manger.
Un jour sa mère lui a dit de _____5_____ et d'acheter
ce qu'il _____6_____ . Il est revenu avec beaucoup
de _____7_____ , de bonbons et de _____8_____ .

Pendant une semaine, il était très ____9____ , mais petit à petit, il a ____10____ à ouvrir la porte du réfrigérateur. Il a ____11____ que s'il voulait manger ____12____ , il devait ____13____ et faire la cuisine.

a. recommencé
b. Coca-Cola
c. aimait
d. rien
e. ouvrait

f. faire les courses
g. faim
h. disait
i. biscuits
j. heureux

k. compris
l. à son goût
m. faire un effort

22. Le réveillon de Noël

I. Vocabulaire

A. Indicate the word that does not belong in the group.

1. réveillon	père Noël	traîneau	bateau
2. dinde	cheminée	marrons	huîtres
3. skis	garçons	skieurs	neige
4. fils	parents	skieurs	cousins
5. Noël	sapin	le 1er janvier	le 14 juillet

B. Complete the *mots croisés* by completing each statement with the appropriate word. Do not use accent marks in the puzzle.

Horizontal

1. Nous mettons des guirlandes sur le _____ de Noël.
3. Le père Noël voyage en _____ .
5. Il fait du ski _____ le temps.
7. Une scène de nativité s'appelle une _____ .
9. M. Noël trouve les _____ de Noël à la station de ski vides et impersonnelles.
11. As-tu acheté un cadeau pour _____ mère?
13. Quelle sorte de vin voulez-vous _____ vos huîtres?
15. Les restaurants à quatre _____ sont très chers.
17. A Noël, on mange des _____ glacés.
19. Nous ne _____ pas où aller à Noël?

Vertical

2. Après une journée de ski êtes-vous _____ ?
4. Dans les églises, à Noël, on célèbre la _____ .
6. Ils vont faire du ski pendant les _____ de Noël.
8. Au pied du sapin il y a beaucoup de _____ .
10. Il y a des _____ dans une station de ski.
12. Ils passent toujours le _____ de Noël en famille.

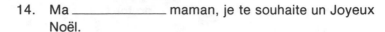

14. Ma _____ maman, je te souhaite un Joyeux Noël.

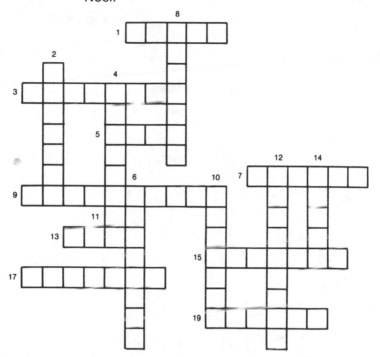

II. Verbes

A. Complete each sentence with the appropriate form of the verb.

1. Je me sens mal à l'aise ici.

   _____ -tu mal à l'aise ici?

   Nous _____ .

   Elles _____ .

   On _____ .

2. Mes chers réveillons me manquent.

   Vos _____ .

   Leurs _____ .

   Tes _____ .

   Ses _____ .

3. Rémi et Yves s'amusent bien aux sports d'hiver.

   Et vous, _____ ?

   Et toi, _____ ?

   Et elle, _____ ?

   Et eux, _____ ?

145

B. Indicate what the Noëls used to do for Christmas by using the imperfect.

1. Nous (rester) _____ à la maison.
2. Les enfants (décorer) _____ le sapin.
3. Mme Noël (préparer) _____ le dîner.
4. M. Noël (ouvrir) _____ les huîtres.
5. Toute la famille (s'amuser) _____ beaucoup.
6. C' (être) _____ très intime.
7. Après le repas, on (aller) _____ à la messe de minuit.
8. Tout le monde (se sentir) _____ très heureux.
9. De retour, on (s'offrir) _____ des cadeaux.
10. Fatigués mais heureux, nous (dormir) _____ très tard.

C. Express the appropriate command form in each of these statements.

Modèle: Les amis veulent partir.—*Partons!*

1. M. Noël décide de rentrer avec sa famille.
2. Les deux garçons disent à leur père de ne pas être triste.
3. Ils disent à leurs parents de se réjouir.
4. La mère dit que toute la famille doit se dépêcher.
5. Toute la famille doit sortir tout de suite.

III. Structure

A. Complete these statements with the appropriate form of *tout, chacun,* or *chaque.*

_____1_____ les ans, ils célèbrent Noël chez eux. _____2_____ a une responsabilité. Madame Noël fait _____3_____ les achats. Les deux fils mettent _____4_____ les guirlandes sur le sapin._____5_____ guirlande doit être bien placée. Ils mettent _____6_____ les cadeaux au pied de l'arbre. _____7_____ en a au moins deux. Monsieur Noël s'occupe des huîtres. Il inspecte _____8_____ huître avec soin, puis il met une rondelle de citron près de _____9_____ . Monsieur Noël se souvient de _____10_____ Noël avec nostalgie.

B. Read this passage. Then select the adjectives needed to complete the sentences from those given below.

Monsieur Noël pense à la dinde _____1_____ que sa femme prépare toujours pour Noël. Cette année ils ne sont pas chez eux et il se sent un peu _____2_____ . Madame Noël ressent la _____3_____ nostalgie de leur _____4_____ sapin. Ils ont fait tant de ski qu'ils sont _____5_____ . La journée a été _____6_____ pour leurs deux fils aussi, mais ils sont _____7_____ . Ils veulent faire une surprise à leurs parents. Ils ne veulent pas que les festivités soient _____8_____ et _____9_____ pour eux. Les deux garçons sortent et rejoignent les skieurs qui font leurs _____10_____ achats.

a. impersonnelles
b. éreintés
c. derniers
d. même

e. triste
f. rôtie
g. cher
h. ravis

i. longue
j. vides

23. L'électricien

I. Vocabulaire

A. Match the words in column A with the related words in column B.

A	B
1. notaire	a. théâtre
2. électricien	b. hôpital
3. plombier	c. tuyaux
4. pompier	d. dents
5. biologiste	e. salle de classe
6. soldat	f. guerre
7. acteur	g. avion
8. commerçant	h. lumière
9. dentiste	i. loi
10. infirmière	j. incendie
11. professeur	k. boutique
12. pilote	i. microbe

B. Complete each statement with a word from column A. (Note: You may have to make some changes.)

1. J'ai mal aux dents. Je vais chez le ＿＿＿＿＿ .
2. Son père pilote des avions. Il est ＿＿＿＿＿ .
3. Il y a un incendie. Il faut appeler les ＿＿＿＿＿ .
4. Il n'y a plus de lumière. Appelons l' ＿＿＿＿＿ !
5. Le ＿＿＿＿＿ travaille dans un laboratoire.
6. Une armée se compose de ＿＿＿＿＿ .
7. Les ＿＿＿＿＿ travaillent dans un théâtre.
8. L' ＿＿＿＿＿ aide le médecin.
9. Le ＿＿＿＿＿ enseigne dans une salle de classe.
10. Les tuyaux sont bouchés. Je vais appeler le ＿＿＿＿＿ .

Ii. Verbes

A. Tell M. Lemaître's story to your teacher in the past. You will have to use the *passé composé* or *imparfait*.

M. Lemaître (acheter) _____1_____ un chalet dans le Canton Jura. La famille Lemaître (restaurer) _____2_____ tout le chalet, mais il (demander) _____3_____ à un électricien de faire l'installation électrique. Quand l'électricien (finir) _____4_____ le travail, il (tendre) _____5_____ la note à M. Lemaître. Celui-ci (trouver) _____6_____ les tarifs de l'électricien exorbitants. Il (s'apercevoir) _____7_____ que les électriciens (gagner) _____8_____ plus que les professeurs. L'électricien lui (expliquer) _____9_____ qu'avant il (faire) _____10_____ des études de droit. Mais quand il (voir) _____11_____ que les électriciens (avoir) _____12_____ de hauts salaires, il (décider) _____13_____ de devenir électricien. M. Lemaître (dire) _____14_____ qu'il avait perdu beaucoup de temps et qu'il (devoir) _____15_____ se mettre au travail.

B. Complete the *mots croisés* with the past-tense verb forms in the previous exercise. (For verbs in the *passé composé* or *plus-que-parfait,* use the past participle only.) Do not use accent marks in the puzzle.

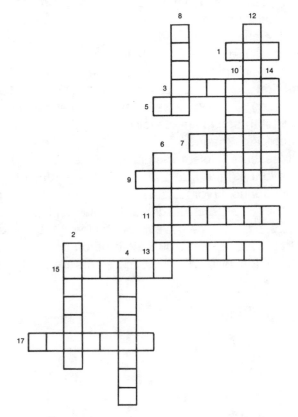

Horizontal	**Vertical**
1. dire	2. gagner
3. devoir	4. expliquer
5. voir	6. demander
7. perdre	8. tendre
9. restaurer	10. apercevoir
11. avoir	12. finir
13. décider	14. trouver
15. acheter	
17. faire	

III. Structure

A. Complete the sentences with the appropriate adverb of comparison: *autant . . . que, plus . . . que, moins . . . que, aussi . . . que*

1. Le professeur pense qu'un prof doit gagner _____ qu'un électricien parce qu'il a fait _____ d'études _____ lui.
2. Est-ce que le travail d'un électricien est _____ dur _____ celui d'un prof ou est-ce que l'un travaille plus que l'autre?
3. On fait _____ d'études pour être électricien _____ pour être prof, mais le travail d'un électricien est physiquement _____ difficile _____ celui d'un prof.
4. Les électriciens ont _____ de vacances _____ les professeurs?
5. Les professeurs ont _____ de vacances _____ tout le monde, c'est peut-être pour cela qu'ils gagnent _____ les électriciens.

B. Complete these statements with the appropriate direct or indirect object pronoun. Some cues have been provided in parentheses to guide your answers.

Le professeur _____1_____ a restauré (*le chalet*) avec sa famille. Il appelle un électricien pour _____2_____ faire (*l'installation électrique*). Quand l'électricien _____3_____ a fini (*son travail*), le professeur demande à l'électricien combien il _____4_____ doit. L'électricien _____5_____ demande (*au professeur*) d'attendre quelques instants, puis il _____6_____ tend la note. La professeur _____7_____ regarde (*la note*). Il _____8_____ dit (*à l'électricien*) que ses prix sont exorbitants. L'électricien _____9_____ explique qu'il a étudié le droit mais qu'il _____10_____ a abandonné pour gagner plus d'argent.

24. Chez le coiffeur

I. Vocabulaire

A. Match these antonyms.

	A		B
1.	à gauche	a.	conformiste
2.	long	b.	différent
3.	sur le côté	c.	derrière
4.	excentrique	d.	court
5.	devant	e.	loin de
6.	près de	f.	à droite
7.	même	g.	au milieu

B. Disagree with the given statement.

Exemple: La bibliothèque est loin d'ici.
Mais non, elle est près d'ici.

1. Tournez à droite!
2. Garez-vous derrière cette voiture-ci!
3. Le magasin est en bas.
4. Le restaurant est près d'ici.
5. Le vent vient de l'est.
6. Je préfère les pays du sud.
7. Il s'est cassé le bras gauche.

II. Verbes

A. Indicate the commands corresponding to the following verbs.
Clues in the rest of the sentence will tell you whether to use the *tu*
or *vous* form of the imperative.

Exemple: Robert, (mettre) *mets* la jaquette!

1. Jean-Paul, (être) _____ raisonnable! lui dit sa
   mère.
2. Jean-Paul, (faire) _____ votre travail! lui dit le
   prof.
3. Jean-Paul, (s'habiller, *neg.*) ___ _____ d'une
   façon excentrique! lui dit sa mère.

4. Jean-Paul, (aller, *neg.*) _____ à l'école comme ça! lui dit le directeur.

5. Monsieur, (couper) _____ -moi les cheveux comme ça! lui dit Jean-Paul.

6. Jeune homme, vous êtes impertinent! (Sortir) _____ de chez moi! lui dit le coiffeur.

7. Jeune homme, (savoir) _____ _____ que vous êtes ridicule! lui dit le coiffeur.

B. Follow the model to give the appropriate form of the imperative.

Modèle: Je vais regarder *cette coiffure.*
Non, ne la regardez pas! /
Oui, regardez-la!

1. Je vais me faire couper les cheveux comme ça. Oui, . . .
2. Je vais aller chez le coiffeur. Oui, . . .
3. Je vais parler au coiffeur. Oui, . . .
4. Je vais venir avec toi. Non, . . .
5. Nous allons chercher quelque chose d'original. Oui, . . .
6. Je vais mettre cette veste orange avec cette chemise violette. Non, . . .
7. Nous allons faire des études d'art. Oui, . . .
8. Nous allons partir de la maison. Non, . . .
9. Je vais essayer d'être moins ridicule. Oui, . . .
10. Je vais avoir peur de changer. Non, . . .

III. Structure

A. Form a question using the statements found below. Follow the model.

Modèle: Il s'habille *d'une façon excentrique.*
Comment s'habille-t-il?

1. Il a choisi une coupe *normale.*
2. Sa mère préfère les cheveux *courts.*
3. *Le coiffeur du coin de la rue* lui coupe les cheveux.
4. Il paie *quarante dollars.*
5. Il a vu deux filles avec la même coupe *au lycée.*

B. Read this paragraph. Then fill in the blanks with the appropriate word given to complete each statement.

Quand Jean-Paul _____1_____ les deux filles avec la même _____2_____ , son orgueil a été blessé.

Il _____3_____ chez le coiffeur, très mécontent, et lui _____4_____ de lui _____5_____ les cheveux d'une façon _____6_____ . Le coiffeur _____7_____ et lui a dit qu'il _____8_____ être un artiste même sans avoir une coupe de cheveux bizarre. Il lui _____9_____ de concentrer ses efforts sur son éducation, non pas sur ses _____10_____ .

a. coupe de cheveux
b. a dit
c. normale
d. a souri
e. a conseillé

f. est retourné
g. a vu
h. pouvait
i. cheveux
j. couper

25. Au téléphone

I. Vocabulaire

A. Indicate the word that does not belong in the group.

1. téléphoner	appeler	écrire	décrocher
2. annuaire	week-end	vacances	voyages
3. lundi	heure	dimanche	samedi
4. déjeuner	maison	dîner	manger
5. femme	mari	enfants	correspondante
6. numéro	annuaire	téléphone	personne

B. Complete these statements.

1. Si aujourd'hui c'est mercredi, demain ce
   sera _____ et hier c'était _____ .
2. Si aujourd'hui c'est lundi, demain ce
   sera _____ et hier c'était _____ .
3. Si aujourd'hui c'est samedi, demain ce
   sera _____ et hier c'était _____ .
4. Si aujourd'hui c'est jeudi, demain ce
   sera _____ et hier c'était _____ .
5. Si aujourd'hui c'est mardi, demain ce
   sera _____ et hier c'était _____ .
6. Si aujourd'hui c'est vendredi, demain ce
   sera _____ et hier c'était _____ .
7. Si aujourd'hui c'est dimanche, demain ce
   sera _____ et hier c'était _____ .

II. Verbes

A. Complete the story by putting the infinitives in the *passé composé*.

Quand la correspondante (dire) ___1___ à Mme
Carnot: "Miriam (partir) ___2___ pour le
week-end," Mme Carnot (devenir) ___3___ très
agitée. Elle (demander) ___4___ à son mari: "Tu
crois que j' (gagner) ___5___ un voyage?" Il lui
(répondre) ___6___ : "Il vaut mieux ne pas y
penser car peut-être Miriam t' (téléphoner) ___7___
pour une autre raison." Pendant tout le week-end, elle

155

(penser) _____8_____ à cette histoire. Elle (ne pas oser) _____9_____ en parler à ses amies. Elle (ne pas vouloir) _____10_____ quitter la maison au cas où Miriam l'appelerait. Quand lundi (arriver) _____11_____ , elle (appeler) _____12_____ l'agence Voyages-Vacances. Miraim lui a dit: "Quand vous (venir) _____13_____ à l'agence, vous (mettre) _____14_____ votre sac sur mon bureau et vous l' (oublier) _____15_____ .

B. Tell Madame Carnot's dream about her trip to Tahiti. Put the verbs in the future and use them appropriately.

pouvoir	danser	aller à la pêche
se promener	être heureuse	manger
prendre	inviter	faire
aller à Tahiti	être	

1. Si je gagne le prix, j' _____ .
2. Quand je recevrai le prix, je _____ .
3. Je ne veux pas y aller seule. J' _____ mon mari.
4. Comme j'aime beaucoup changer de vêtements, je _____ une grand valise.
5. Quand nous _____ à Tahiti, je _____ sur la plage et mon mari _____ .
6. Le soir, nous _____ dans les meilleurs restaurants et nous _____ jusqu'à l'aube.
7. S'il me reste un peu d'argent, je _____ acheter des souvenirs pour mes amies et je _____ des cadeaux à Miriam.

III. Structure

Complete this imaginary telephone conversation between a policeman (*le gendarme*) and Mme Carnot. Play the role of the policeman, and ask questions that correspond to the answers given. The policeman wants to make sure that the purse found on Miriam's desk is Mme Carnot's.

LE GENDARME: (1)
MME CARNOT: C'est Mme Carnot.
LE GENDARME: (2)
MME CARNOT: J'habite 3, rue de l'Abbé, à Paris.

LE GENDARME:	(3)
MME CARNOT:	Mes prénoms sont Monique, Annette, Isabelle.
LE GENDARME:	(4)
MME CARNOT:	Vendredi matin, je suis allée faire des courses dans les grands magasins.
LE GENDARME:	(5)
MME CARNOT:	Oui, c'est tout. Oh! je suis aussi entrée dans une agence de voyages.
LE GENDARME:	(6)
MME CARNOT:	L'agence Voyages-Vacances, je crois.
LE GENDARME:	(7)
MME CARNOT:	J'ai rempli un bulletin pour gagner un voyage.
LE GENDARME:	(8)
MME CARNOT:	Je ne me rappelle pas le numéro du bulletin.
LE GENDARME:	(9)
MME CARNOT:	D'accord, je vais chercher mon sac. Un instant, s'il vous plaît! *(Quelques minutes plus tard.)* Je n'ai plus mon sac. C'était un sac rouge . . .
LE GENDARME:	Ne vous inquiétez pas, Madame. Votre sac est à l'agence de voyages. Vous l'avez oublié sur le bureau de Miriam. Venez le chercher!

26. A l'hôtel

I. Vocabulaire

A. Complete each of the following sentences by selecting the appropriate word from the list that follows.

a. l'hôtelière   d. la pension complète
b. chambre   e. la note
c. un petit hôtel   f. vacances

1. Ils n'aiment pas passer leurs _____ dans cet hôtel.
2. Nous sommes prêts à partir. Allons payer _____ !
3. Cette année ils ont décidé de descendre dans _____ .
4. Mme Fontenelle veut se reposer. Alors ils ont choisi _____ .
5. Les enfants n'aiment pas _____ parce qu'elle est sévère.
6. Ils préfèrent dormir sous une tente que dans cette _____ .

B. Match these antonyms. Then complete the sentence that follows the exercise with the word you form from the letter in boxes in column B.

A	B
1. tous les ans	a. hi [v] er
2. été	b. j' [a] dore
3. même	c. mo [i] ns de
4. plus de	d. jamai [s]
5. j'en ai assez de	e. travailleur [s]
6. être en forme	f. êtr [e] fatigué(e)
7. aimables	g. au travai [l]
8. en vacances	h. désagréab [l] es
9. vacanciers	i. différ [e] nt

Mme Fontenelle en a assez de faire la _____ à la main.

II. Verbes

A. **Complete** M. Fontenelle's nostalgic reminiscences of their vacations. The verbs will be in the imperfect.

1. Tous les ans, on (passer) _____ les vacances dans le même camping.
2. On (connaître) _____ tout le monde.
3. Il n'y (avoir) _____ pas d'horaire.
4. Je (prendre) _____ l'apéritif à midi.
5. Je (pouvoir) _____ jouer aux cartes avec les voisins.
6. Les enfants (être) _____ libres.
7. Ils (courir) _____ sur la plage.
8. Ils (faire) _____ des châteaux de sable.
9. Ma femme (préparer) _____ de bons petits plats.
10. Tout (être) _____ parfait.

B. **Complete** Mme Fontenelle's new resolutions for this year's summer vacation. The verbs will be in the conditional.
Mais cette année Mme Fontenelle a dit . . .

1. que ce (être) _____ différent,
2. qu'elle (vouloir) _____ se reposer,
3. qu'elle (ne pas faire) _____ la cuisine,
4. qu'elle (ne pas laver) _____ la vaisselle,
5. qu'elle (ne pas ranger) _____ leurs affaires.

C. **Complete** the Fontenelle's children's proposal to their parents.
Ils ont dit que s'ils retournaient au camping, . . .

1. ils (aider) _____ leur mère,
2. ils (ranger) _____ leurs affaires,
3. leur père et eux (faire) _____ la cuisine,
4. leur père ne (jouer) _____ pas l'après-midi aux cartes,
5. leur mère (pouvoir) _____ se détendre.

159

III. Structure

Read this paragraph and select the appropriate word from those given.

a. quelques
b. plus d'
c. trois fois par jour

d. pendant
e. avaient assez de
f. meilleures

g. pleins de
h. passait
i. descendait

Les vacances des années précédentes étaient _____1_____ . On _____2_____ un mois sur la côte. On _____3_____ dans un petit hôtel. J'y avais _____4_____ amies avec qui je bavardais et jouais aux cartes _____5_____ la journée. _____6_____ l'hôtelière nous apportait nos repas. Mais les enfants et mon mari ont décidé d'aller l'année suivante dans un camping où il y avait _____7_____ enfants avec qui jouer. Ils ont dit qu'ils en _____8_____ l'hotelière parce qu'elle leur interdisait de monter dans leur chambre quand leurs pieds étaient _____9_____ sable.

Sujet de conversation ou de composition

You would like to go camping with your friends and you are asking your parents to allow you to go. Give them exact information and reasons that will convince them to let you go on the trip.

1. Où iriez-vous?
2. Avec qui iriez-vous?
3. Quand partiriez-vous?
4. Quand reviendriez-vous?
5. Que feriez-vous?
6. Pourquoi ce voyage est-il important?

27. Chez le dentiste

I. Vocabulaire

A. Match these antonyms.

A	B
1. plus tard	a. du devant
2. autre	b. peu de
3. du fond	c. en bon état
4. beaucoup de	d. plus tôt
5. en mauvais état	e. plus mal
6. mieux	f. même

B. Complete these *mots croisés* by completing each statement with the appropriate word. Do not use accent marks in the puzzle.

Horizontal

1. Bonjour Mademoiselle, _____ allez-vous?
3. Il y a un abcès. Il _____ arracher la dent.
5. Quand j'ai mal aux dents, je vais chez
   le _____ .
7. La grosse dent du fond s'appelle une _____ .
9. Vos dents ne sont pas en bon état. Vous avez une
   _____ ici.
11. Vous avez une carie ici. Il faut faire
    un _____ .
13. Je ne suis pas satisfaite de ce dentiste. Il
    est _____ .

Vertical

2. "C'est la dent du _____ qui me fait mal," dit
   Sophie.
4. Elle va chez le dentiste parce qu'elle a mal
   aux _____ .
6. Elle a _____ mal qu'elle va chez un autre
   dentiste.
8. Le dentiste lui dit: "Ouvrez bien la _____ !"
10. Quand j'aurai arraché la dent, vous vous
    sentirez _____ .
12. Cette dent est en trop mauvais état, il faut
    l' _____ .

II. Verbes

A. Complete each sentence following the model.

1. Où est-ce que vous avez mal?
   Où est-ce que tu _____ ?
   Où est-ce qu' ils _____ ?
   Où est-ce que nous _____ ?
   Où est-ce que Sophie _____ ?
2. Qu'est-ce qui vous fait mal?
   Qu'est-ce qui te _____ ?
   Qu'est-ce qui leur _____ ?
   Qu'est-ce qui nous _____ ?
   Qu'est-ce qui lui _____ ?

162

B. Complete each sentence with the appropriate tense of *falloir*.

1. Aujourd'hui il _____ aller chez le dentiste deux fois par an.
2. Autrefois il _____ se faire arracher les dents quand on avait mal.
3. Il a dit qu'il _____ arracher la dent plus tard.
4. Parce que mon dentiste était parti en vacances, il _____ que j'aille chez un autre dentiste.
5. Docteur, est-ce qu'il _____ que je revienne demain?

III. Structure

A. Complete each sentence with the appropriate demonstrative pronoun.

1. Je ne sais pas quel dentiste choisir. Allez chez _____ qui est près de chez vous!
2. Bonjour, Mademoiselle. Vous avez mal aux dents? Montrez-moi _____ qui vous fait mal!
3. Je crois que c'est une molaire, _____ du bas, à droite.
4. Je vais lui envoyer des fleurs, _____ qu'elle préfère.
5. Ne mangez pas de bonbons, surtout _____ avec du chocolat!

B. Complete each sentence with the appropriate adverb of quantity.

beaucoup (de)	trop (de)	plus (de)
aussi	assez (de)	peu (de)
autant (de)	moins (de)	

1. Cet athlète gagne toutes les compétitions. Il doit _____ s'entraîner.
2. Avez-vous _____ mangé? Voulez-vous encore du poulet?
3. Je voudrais être _____ grosse.
4. Il y a _____ monde ici. Je vais sortir.
5. Je suis _____ grande que lui, mais il semble plus grand.

6. J'ai raté l'examen. Je n'ai pas _____ travaillé.
7. Voulez-vous _____ café?
8. Je n'ai que trois amies. C'est _____ .
9. Il y avait _____ pollution il y a cent ans.
10. Vous avez dix cartes. Est-ce que vous voulez _____ enveloppes?

Sujet de conversation ou de composition

Create a story based on the topic UNE VISITE CHEZ LE MÉDECIN, CHEZ LE DENTISTE OU À L'HÔPITAL. You may use these suggested cues.

1. Quand y êtes-vous allé(e)?
2. Pourquoi y êtes-vous allé(e)?
3. Qui avez-vous vu?
4. Combien cela vous a-t-il coûté?
5. Comment vous êtes-vous senti(e) après?

28. Au musée

I. Vocabulaire

A. Match these synonyms.

A	B
1. foule	a. de nombreuses fois
2. faire une enquête	b. jeter un coup d'oeil
3. regarder	c. les gens
4. souvent	d. interroger
5. visiter	e. manquer
6. rater	f. venir voir

B. Match the adjectives in column A with the place names listed in column B.

A	B
1. parisien	a. Etats-Unis
2. colombien	b. Vietnam
3. américain	c. Colombie
4. québécois	d. Paris
5. vietnamien	e. Québec
6. africain	f. Suisse
7. suisse	g. Afrique

C. Comment s'appellent les habitants _____ ?

1. du Canada
2. d'Italie
3. d'Allemagne
4. de Belgique
5. de Martinique

II. Verbes

A. Complete these statements with the appropriate form of *aller* + the infinitive *(future proche)* to describe what these people are going to do.

1. Moi, je (visiter) _____ l'exposition de photos.
2. Mon copain (faire) _____ la même chose.
3. Et vous, Madame, qu'est-ce que vous (faire) _____ ?

4. Oh, moi, je (voir) ＿＿＿＿＿＿ une amie.
5. Et moi, je (acheter) ＿＿＿＿＿＿ un cadeau dans le magasin.
6. Nous sommes étudiants. Nous (passer) ＿＿＿＿＿＿ une heure avant nos cours.
7. Les musiciens et les mimes (donner) ＿＿＿＿＿＿ un spectacle sur la place.
8. L'homme qui est mouillé (se sécher) ＿＿＿＿＿＿ .

B. **Complete** the same statements with the appropriate form of *venir de* + the infinitive *(passé proche)* to express what they have just done.

III. Structure

A. **Unscramble** these statements. You may have to add or change certain words.

1. visiteur/habiter/Paris/colombien
2. voir/vouloir/photos/exposition/il
3. de/copain/son/venir/ne pas/Colombie
4. aller/magasin/autre/souvenirs/femme
5. une/étudiant/heure/avant/cours/passer/ses
6. un/pluie/s'abriter/homme/de
7. rendez-vous/la/une/amie/avec/femme
8. faire/employé/enquête/musée
9. faire/Colombien/rien/avoir/à/le
10. être/employé/musée/entrée/Centre Georges Pompidou/du/à

B. **Reorder** the statements in exercise A according to the sequence of events in the *dialogue.*

Sujet de conversation ou de composition

Create a story based on the topic AU MUSÉE. You may use these suggested cues.

1. Quel est votre musée favori?
2. Quand y êtes-vous allé(e)?
3. Comment y êtes-vous allé(e)?
4. Combien de temps y êtes-vous resté(e)?
5. Qu'est-ce que vous avez vu?
6. Qu'est-ce que vous avez fait après?

29. Au café

I. Vocabulaire

A. Indicate the word that does not belong in each group.

1. café	cabinet	restaurant	cafétéria
2. école	cinéma	parc	théâtre
3. engins	voitures	cauchemars	autobus
4. oeil	pieds	créature	poitrine
5. leader	chef	directeur	chirurgien

B. Complete the following sentences with a word from the *dialogue*.

1. Je vais voir un film au _____ .
2. Pierre se promenait dans un _____ .
3. Un rêve qui est désagréable est un _____ .
4. Les crocodiles n'ont pas de jambes mais des _____ .
5. Les extraterrestres voyagent dans des _____ .
6. Un médecin qui opère les malades est un _____ .
7. J'ai crié parce que j'ai eu _____ du monstre.
8. Les yeux et le nez font partie du _____ .

II. Verbes

Review of verbs in the *passé composé, imparfait,* and *conditionnel.* Complete the statements. Then complete the *mots croisés.* Use only the past participles of the verbs in the *passé composé* in the *mots croisés.*

Les copains (aller) _____15_____ au cinéma. Après, ils (décider) _____7_____ d'aller prendre un café. Pierre (commencer) _____6_____ à raconter un rêve. Il a dit que, dans le rêve, il (se promener) _____2_____ dans un parc et qu'il (faire) _____4_____ nuit. Soudain il (voir) _____17_____ un engin spatial dans le parc. Un extraterrestre en (sortir) _____10_____ . Il (être) _____9_____ horrible. Il (avoir) _____8_____ un seul oeil, un seul bras et des jambes qui (ressembler)

_____5_____ à des pattes de crocodile.

Un copain lui a demandé: "Qu'est-ce qui (se passer) _____3_____ ensuite?'' Pierre a répondu qu'il (avoir) _____19_____ peur quand tout à coup l'extraterrestre lui (parler) _____14_____ . La créature a demandé de voir le "chef" de Pierre.

Tous les copains étaient très curieux de connaître la suite et Pierre (vouloir) _____1_____ continuer quand Vincent l'a arrêté pour demander sa réponse à la créature. Pierre (se moquer) _____11_____ de l'extraterrestre et (dire) _____13_____ que la créature (ne pas devoir) _____12_____ voir son chef, mais qu'il ferait mieux de voir un spécialiste de chirurgie esthétique.

Mots croisés

Horizontal words are marked by odd numbers from 1 to 19 in the text.
Vertical words are marked by even numbers from 2 to 14 in the text.
Do not use accent marks in this puzzle.

III. Structure

Complete Vincent's statement with the appropriate word from those given below.

_____1_____ , je trouve que ces histoires
d'extraterrestres sont très _____2_____ . Parce que
nous avons _____3_____ d'eux, nous _____4_____
que ce sont des _____5_____ horribles et cruelles, mais
en fait c'est nous qui _____6_____ horribles, bêtes et
cruels. Nous devrions essayer de les _____7_____ .
Quand nous _____8_____ comprendre ces extra-
terrestres, je suis _____9_____ que nos _____10_____
nous paraîtront _____11_____ .

a. sûr   d. moi   g. intéressantes j. ridicules
h. peur   e. imaginono h. sommes   k. cauchemars
c. connaître f. créatures i. pourrons

Sujet de conversation ou de composition

Create a story based on the topic LE MARSIEN QUI M'A RENDU
VISITE CETTE NUIT. You may use these suggested cues.

1. Qui vous a rendu visite?
2. Comment est-il venu?
3. Comment était-il?
4. Avez-vous eu peur?
5. Qu'est-ce qu'il vous a dit?
6. Comment est-il parti?
7. Va-t-il revenir?

30. Au cinéma

I. Vocabulaire

A. Match these antonyms.

A	**B**
1. petits	a. blanc
2. noir	b. adultes
3. a commencé	c. séparément
4. enfants	d. grands
5. faire des économies	e. a fini
6. ensemble	f. dépenser de l'argent

B. Indicate the word that does not belong in each group.

1. cinéma	film	réalisateur	bonbons
2. Américains	français	Allemands	science-fiction
3. enfants	tarifs	étudiants	adultes
4. nouvelles	films	cuisine	réclames
5. devant	début	fin	entracte
6. science-fiction	robot	engins spatiaux	lapins

C. Complete the statements with an appropriate word from the *dialogue*.

1. Vincent emmène son frere au _____ .
2. Ils n'ont pas pu _____ le film de Walt Disney.
3. Christophe dit qu'il voudra des _____ à l'entracte.
4. Quand il va raconter le film à ses _____ , ils ne vont pas le croire.
5. Il ne veut plus de bonbons parce qu'il ne veut plus être un _____ .

II. Verbes *(révision)*

Complete these statements with the appropriate tense and form of the verb in parentheses. (Begin with the *passé composé*.)

Christophe (dire) _____1_____ à Vincent: ''Après le film, on (aller) _____2_____ se promener le long des quais. J' (aimer) _____3_____ bien regarder les gens flâner.

170

Puis on (prendre)_____4_____ le métro et on (descendre) _____5_____ aux Halles pour (aller) _____6_____ voir les mimes et les cracheurs de feu sur la place du Centre Pompidou. Qu'est-ce que tu en (penser) _____7_____ ?
Vincent lui (répondre) _____8_____ : "C' (être) _____9_____ une bonne idée, mais il (falloir) _____10_____ téléphoner à maman, sinon elle (s'inquiéter) _____11_____ .

Quand ils (sortir) _____12_____ du cinéma, Christophe (avoir) _____13_____ un peu faim. Alors il (proposer) _____14_____ à son frère de partager un sandwich au jambon. Vincent l' (emmener) _____15_____ au café U.F.O.. Christophe l' (trouver) _____16_____ superbe. Après, ils (aller) _____17_____ se promener à Beaubourg. Ils (regarder) _____18_____ un mime qui (être) _____19_____ très bon. Ils (entendre) _____20_____ beaucoup de gens qui _____21_____ des langues étrangères et ils (voir) _____22_____ des gens habillés de façon bizarre. Quand ils (rentrer) _____23_____ chez eux, ils (être) _____24_____ ravis et (dire) _____25_____ à leur mère qu'ils avaient passé une journée sensationnelle.

III. Structure

Select the correct response in each statement.

1. Vincent et Christophe vont _____ cinéma.
   a. à la   b. au   c. aux   d. du

2. _____ film de Walt Disney avait déjà commencé.
   a. Un   b. Le   c. Une   d. La

3. Vincent va avec son frère sur les quais. Il va avec _____ .
   a. moi   b. toi   c. elle   d. lui

4. Christophe parle du film _____ science-fiction.
   a. du   b. de   c. de la   d. des

5. Christophe a commandé un sandwich _____ jambon.
   a. de   b. du   c. au   d. de la

6. Vincent va souvent au café U.F.O. avec _____ copains.

   a. son   b. ses   c. leur   d. mon

7. A 5 heures _____ après-midi Christophe avait faim.

   a. a   b. au   c. de l'   d. du

8. Vincent a téléphoné à la maison pour parler avec _____ mère.

   a. ma   b. ta   c. sa   d. notre

9. & 10. Sa mère _____ a dit: "Bien,

   a. lui   b. nous   c. moi   d. te

   mais ne _____ pas trop tard!"

   a. revenons   b. revient   c. revenez   d. reviennent

11. Christophe a dit "As-tu vu _____ acrobate?"

    a. cet   b. ce   c. cette   d. ces

12. Le centre Pompidou est un _____ musée.

    a. bel   b. belle   c. beaux   d. beau

13. Ils n'ont pas vu _____ les expositions.

    a. tous   b. toutes   c. toute   d. tout

14. & 15. Quand ils sont rentrés, leur mère _____ a demandé:

    a. lui   b. nous   c. leur   d. nous

    " _____ vous avez fait?"

    a. qui   c. quoi

    b. qu'est-ce que   d. lequel

Sujet de conversation ou de composition

Create a story based on the topic UNE JOURNÉE EXTRAORDINAIRE. You may use these suggested cues.

1. Avec qui étiez-vous?
2. Où êtes-vous allé(e)?
3. Qu'est-ce que vous avez fait?
4. Quand êtes-vous rentré(e)?
5. Qu'avez-vous dit à vos parents à la fin de la journée?

Vocabulaire

Master French-English Vocabulary

A

abattre to knock down
abcès *(m.)* abscess
abriter, s' to get shelter
accord, d' OK
accueillir to welcome
acheter to buy
acier *(m.)* steel
acteur, actrice *(m., f.)* actor, actress
addition *(f.)* check *(in a restaurant)*
adorer to love
aéroport *(m.)* airport
affaire, c'est mon it's my business
affaires *(f.)* business, stuff
affreux, -se atrocious
agneau *(m.)* lamb
agrandir to make bigger
aider to help
ail *(m.)* garlic
aise, être à l' to feel comfortable
ajouter to add
ajuster to adjust
alcool *(m.)* alcohol
allô Hello! *(on the telephone)*
amuser, s' to have a good time
　s'amuser comme des fous to have a great time
anchois *(m.)* anchovy
anniversaire *(m.)* birthday
antipathique unpleasant
appartement *(m.)* apartment
appeler, s' to be called
appétissant, -e appetizing
apporter to bring
approcher to approach
après afterwards
après-midi *(m.)* afternoon
argent *(m.)* money
　argent liquide cash
arracher to pull out
arranger to arrange
arrêter, s' to stop

aspirateur *(m.)* vacuum cleaner
asseoir, s' to sit down
assiette *(f.)* plate
attendre to wait
attraper to catch
au-dessus de above
autour de around
avoir to have
　avoir besoin de to need
　avoir faim to be hungry
　avoir une faim de loup to be starving
　avoir chaud to be too warm
　avoir froid to be cold
　avoir du mal à to have difficulty in
　avoir mal à to hurt
　avoir raison to be right
　avoir tort to be wrong
　en avoir assez to be fed up
　en avoir marre to be fed up
　Qu'est-ce que tu as? What is the matter with you?

B

bagages *(m. pl.)* luggage
banlieue *(f.)* suburbs
banque *(f.)* bank
beau, belle beautiful
belge Belgian
besoin de, avoir to need
beurre *(m.)* butter
bien sûr of course
bientôt soon
bijou *(m.)* *(pl.* **bijoux)** jewel
bijouterie *(f.)* jewelry store
bijoutier *(m.)* jeweler
boire to drink
bon, -ne good
　de bonne heure early
bonbon *(m.)* candy
bon marché cheap

bord de, au along
bouche *(f.)* mouth
boucle *(f.)* **d'oreille** earring
bouillie *(f.)* mush
boulevard *(m.)* boulevard
bulletin *(m.)* form
broche *(f.)* brooch
bruxellois, -e of the city of Brussels

C

cadeau *(m.)* present
caisse *(f.)* **d'épargne** savings bank
caissier *(m.)* bank teller, cashier
campagne *(f.)* countryside
camping *(m.)* campground
carie *(f.)* cavity
carotte *(f.)* carrot
carte *(f.)* card
carte *(f.)* **de crédit** credit card
catastrophique catastrophic
cauchemar *(m.)* nightmare
cause *(f.)* cause
célébrer to celebrate
céléri *(m.)* celery
c'est à dire que that is to say
chaise *(f.)* chair
chalet *(m.)* cottage
chambre *(f.)* bedroom
chariot *(m.)* shopping cart
chaud, avoir to be warm
chèque *(m.)* check
cher, chère expensive; dear
cheveux *(m. pl.)* hair
chez at the house of
chirurgie *(f.)* **esthétique** plastic surgery
chocolat *(m.)* chocolate
choisir to choose
chose *(f.)* thing
cigarette *(f.)* cigarette
cinéma *(m.)* movie theater
circulation *(f.)* traffic
clef *(f.)* key
client, -e *(m., f.)* client, customer
coiffeur *(m.)* hairdresser
coiffure *(f.)* hairdo
commander to order
compartiment *(m.)* compartment
concombre *(m.)* cucumber
congelé frozen

connaître to know
  n'y connaître rien not to know anything about
content, -e happy
contraire, au on the contrary
copain, copine *(m., f.)* pal
cordonnerie *(f.)* shoe-repair shop
corvée *(f.)* chore
costume *(m.)* suit
côté, sur le on the side
cou *(m.)* neck
coucher, se to go to bed
coup d'oeil *(m.)* glance
coupe de cheveux *(f.)* haircut
couper to cut
courageux, -se brave
courir to run
couronne *(f.)* crown
cours *(m.)* class
courses, faire les to go grocery shopping
court, -e short
couteau *(m.)* knife
courturière *(f.)* tailor
crêpe *(f.)* crepe
croire à to believe in
cuillère *(f.)* spoon
cuisine *(f.)* kitchen; cooking
cultivé, -e educated
curieux, -se curious
cyclisme *(m.)* bicycling

D

d'accord OK
décider to decide
décrocher to answer *(the telephone)*
dedans inside
dehors outside
déjà already
déjeuner to have lunch
déjeuner *(m.)* lunch
délicieux, -se delicious
demain tomorrow
dent *(f.)* tooth
dentiste *(m.)* dentist
dépenser to spend
déposer to deposit
déranger to bother
désordre *(m.)* untidiness
dessert *(m.)* dessert

176

détendre, se   to rest
détester   to detest
devant   in front of
devoir   must, to owe
dévorer   to devour
difficile   difficult
dinde *(f.)*   turkey
diriger, se   to go to
disque *(m.)*   record
doigt *(m.)*   finger
   doigt de pied   toe
donner   to give
dormir   to sleep
douanier *(m.)*   customs officer
douleur *(f.)*   pain
doute *(m.)*   doubt
droit *(m.)*   law
droite, à *(f.)*   on the right

E

eau *(f.)*   water
échange *(m.)*   exchange
économies *(f. pl.)*   savings
économiser   to save money
écrire   to write
église *(f.)*   church
électricien *(m.)*   electrician
émail *(m.) (pl.* émaux)   enamel
embêter   to bother
emmener   to take (someone) to
employé *(m.)*   employee
encore   still
endormir, s'   to fall asleep
enfin   well, finally
engin *(m.)*   machine
enquête *(f.)*   survey
ensemble   together
entendre   to hear
enterrer   to bury
   s'enterrer   to live in the sticks
entracte *(m.)*   intermission
entrée *(f.)*   entrance
envie *(f.),* avec   with envy
   avoir envie de   to feel like
équitation *(f.)*   horseback riding
éreinté, -e   tired
estomac *(m.)*   stomach
étalage *(m.)*   display
été *(m.)*   summer
étonnement *(m.),* avec   with surprise

être   to be
   être à l'aise   to be comfortable
   être au travail   to be at work
cela n'est rien   it is not serious
euh! er! . . .
examen *(m.)*   exam
exércrable   atrocious
exorbitant, -e   exorbitant
exposition *(f.)*   exhibit
extraterrestre
   (m.)   extraterrestrial

F

facile   easy
façon, de toute   anyway
faire   to do
   faire la cuisine   to cook
   faire des économies   to save money
   faire du mal   to hurt
   faire le ménage   to clean house
   faire son lit   to make one's bed
   s'en faire   to worry
fait, au   by the way
fatigué, -e   tired
faux, fausse   false
favori, -te   favorite
fermier *(m.)*   farmer
fête *(f.)* des Mères   Mother's Day
fier, fière   proud
fièvre *(f.)*   fever
fils *(m.)*   son
fois *(f.)*   time, instance
fond, au   in the back
fontaine *(f.)*   fountain
   fontaine de jouvence   fountain of youth
forme, en   in shape
fou, folle   crazy, mad
fourchette *(f.)*   fork
fourrure *(f.)*   fur
fraîchement   freshly
fraise *(f.)*   strawberry
franchement   frankly
frites *(f.)*   French fries
froid, avoir   to be cold
fromage *(m.)*   cheese
fruit *(m.)*   fruit
fumer   to smoke

G

gagner to earn
garage *(m.)* garage
garçon *(m.)* boy
garde *(m.)* guard
gauche, à on the left
gâteau *(m.)* cake
gazon *(m.)* lawn
geler to freeze
gens *(m. pl.)* people
geste *(m.)* gesture
grand-mère *(f.)* grandmother
grand-parent *(m.)* grandparent
grand-père *(m.)* grandfather
grillé, -e grilled
goût *(m.)* taste
guerre *(f.)* war
guichet *(m.)* cash register

H

habiller, s' to dress
habitude *(f.)* habit
habitué, -e regular member
hein? what?, right?
héros *(m.)* hero
heureusement fortunately
hiver *(m.)* winter
honte, avoir to be ashamed
huître *(f.)* oyster

I

ignorer to ignore
impersonnel, -le impersonal
indécent, -e indecent
installation électrique
 (f.) electrical wiring
installer s' to settle down
intérêts *(m. pl.)* interest
interroger to ask

J

jambe *(f.)* leg
jardin *(m.)* garden
jeune young
jeune marié *(m.)* newlywed
jeunesse *(f.)* youth
joli, -e pretty

jouer to play
jus *(m.)* juice

L

laisser to let
lait *(m.)* milk
laitue *(f.)* lettuce
laver to wash
légendaire legendary
légume *(m.)* vegetable
lendemain *(m.)* the next day
lessive *(f.)* wash
ligne *(f.)* **garder la** to keep one's
 figure
linge *(m.)* clothes; laundry
livret *(m.)* bank book

M

magazine *(m.)* magazine
main *(f.)* hand
maintenant now
mal à l'aise uncomfortable
malade sick
maladie *(f.)* disease
manger to eat
manquer to be missing
maquiller, se to put on make-up
marcher to work *(for machines)*
 cela marche bien it is going
 well
marié *(m.)* groom
mariée *(f.)* bride
se marier to get married
marron *(m.)* chestnut
masque *(m.)* mask
matin *(m.)* morning
mauvais, -e bad
médecin *(m.)* doctor
médicament *(m.)* medicine
mercerie *(f.)* haberdasher's shop
mettre to put
meuble *(m.)* furniture
microbe *(m.)* microbe
midi *(m.)* noon
mieux better
 tant mieux so much the better
moche ugly
mode *(f.)* fashion
 à la mode fashionable

suivre la mode to follow the fashion
molaire *(f.)* molar
monde *(m.),* **du** people
moniteur *(m.)* instructor
montre *(f.)* watch
  montre de plongée diver's watch
mort(e) de fatigue dead tired

N

nappe *(f.)* tablecloth
natation *(f.)* swimming
nerveux, -se nervous
nettoyer to clean
nez *(m.)* nose
Noël Christmas
nouveau, nouvelle new
nouvelles *(f.)* news

O

occuper de, s' to take care of
oeil *(m.) (pl.* **yeux)** eye(s)
oeuf *(m.)* egg
oignon *(m.)* onion
orange *(f.)* orange
oreille *(f.)* ear
organiser to organize
oublier to forget

P

papiers *(m. pl.)* papers
paquet *(m.)* package, bag
paresseux, -se lazy
parler to speak
part de, de la from
partenaire *(m., f.)* partner
parti, -e gone
partout everywhere
passer, se to happen
patin à glace *(m.)* ice skate
payer to pay
pays *(m.)* country
pendentif *(m.)* pendant
perdre to lose
père Noël *(m.)* Santa Claus
permettre to allow
persil *(m.)* parsley

petit déjeuner *(m.)* breakfast
peut-être maybe
pharmacie *(f.)* drugstore
pièce *(f.)* room
pied *(m.)* foot
pierre *(f.)* stone
piscine *(f.)* swimming pool
place *(f.)* **de la** room
place *(f.)* seat
plaire to like
  cela me plaît I like that
plein de full of
pleuvoir to rain
plombage *(m.)* dental filling
point, à medium *(in cooking)*
poire *(f.)* pear
poisson *(m.)* fish
poitrine *(f.)* chest
poivron *(m.)* pepper
pomme *(f.)* apple
pourboire *(m.)* tip
précipiter, se to rush
prendre to take
pressé(e), être to be in a hurry
prêt, -e ready
prévoir to anticipate
prochain, -e next
promener, se to take a walk, to go for a ride
promettre to promise
province *(f.)* the country, "the sticks"
provisions *(f. pl.)* groceries
puisque since
punir to punish

Q

quelque chose something
quincaillerie *(f.)* hardware store

R

radis *(m.)* radish
raie *(f.)* part
raison, avoir to be right
rangée *(f.)* row
ranger to put away
râper to grate
rappeler to remind
rappeler, se to remember

rater to miss
reconnaître to recognize
regarder to look at
rencontrer to meet
régime, être au to be on a diet
regretter to regret
réjouir, se to rejoice
remarquer, se faire to show off
rendre to make
    rendre + *adjective* to make +
    adjective
repas *(m.)* meal
reposer, se to rest
respirer to breathe
résolution *(f.)* resolution
ressembler to look like
restaurer to restore
rester to stay
retard, être en to be late
retourner to go back
réussir to succeed
réveillon *(m.)* **de Noël** Christmas
    Eve
réviser to review
réussi, c'est it's a success
rien nothing
rivière *(f.)* river

S

sale dirty
salle de séjour *(f.)* living room
salut hello, goodbye
santé *(f.)* health
satisfait, -e satisfied
séance *(f.)* show
sentir, se bien/mal to feel
    well/bad
serviette *(f.)* napkin
servir to serve
sinon otherwise
soir *(m.)* evening
soirée *(f.)* party
somme *(f.)* amount
souci, se faire du to worry
soucoupe volante *(f.)* flying
    saucer
souhaiter to wish
souvenir *(m.)* souvenir
souvenir, se to remember
suivre to follow
    suivre un cours to take a class

supermarché *(m.)* supermarket
surpris surprised
surveiller to watch carefully
sympathique nice
symptôme *(m.)* symptom

T

table *(f.)* table
taille *(f.)* size
tard late
tarif *(m.)* tariff
tarte *(f.)* tart
tas *(m.)* pile
tasse *(f.)* cup
tellement ... que so ... that
temps *(m.)* weather
    à temps on time
    tout le temps all the time
tendre to hand to
tête *(f.)* head
thé *(m.)* tea
toilettes *(f.)* bathroom
tomate *(f.)* tomato
tondre to cut
tort, avoir to be wrong
tournedos *(m.)* tenderloin steak
tout à fait totally
tout de suite immediately
train de, en in the process of
travail *(m.)* *(pl.* **travaux)** work
travailler to work
trop too much, too many
truc *(m.)* something *(slang)*
tuer to kill

V

vacances *(f.)* vacation
    être en vacances to be on
    vacation
valise *(f.)* suitcase
vendre to sell
vendeur *(m.)* salesman
vendredi *(m.)* Friday
venir to come
    venir de to have just
verre *(m.)* glass
ville (f.) city
violet, -te purple
visage *(m.)* face

vitrine *(f.)* window of a shop
voeu *(m.) (pl.* **voeux)** wish
voir to see
voisin *(m.)* neighbor
voiture *(f.)* car
voyage *(m.)* trip
voyager to travel
vrai true
vraiment really

Z

Zut! Darn!

NTC FRENCH TEXTS AND MATERIAL

Computer Software
Basic Vocabulary Builder on Computer

Beginning Graded Readers
Dialogues sympathiques
Petits contes sympathiques
Contes sympathiques
Getting Started in French
Beginner's French Reader
Easy French Reader
Everyday Conversations in French

Beginning Workbooks
J'écris. tu écris
Ecrivons mieux
Compositions illustrées
Parlons français

Contemporary Culture—in French
Lettres de France
Lettres des provinces

Contemporary Culture—in English
Life—French Style Series
Life in a French Town
French Sign Language
France: Its People and Culture
Welcome to France

Cross-Cultural Awareness
Rencontres culturelles

Text and Audiocassette Programs
Sans frontières (Book I)
Just Listen 'n Learn French

Puzzle and Word Game Books
Easy French Crossword Puzzles
Easy French Word Games & Puzzles
Jeux de grammaire
Jeux culturels
Amusons-nous

Duplicating Masters
Basic Vocabulary Builder
Practical Vocabulary Builder
Amusons-nous
Mots croisés faciles
Jeux culturels
Jeux de grammaire
Jeux faciles

Reference Books
Harrap's Concise Student French
  and English Dictionary
Harrap's New Pocket French
  and English Dictionary
Harrap's Super-Mini French
  and English Dictionary
Harrap's First French Dictionary

French for Travelers
Just Enough French
Multilingual Phrase Book

For further information or a current catalog, write:
National Textbook Company
4255 West Touhy Avenue
Lincolnwood. Illinois 60646-1975 U.S.A.